执业指南

冯佺光　著

NONGCUN LAOWU JINGJIREN
ZHIYE ZHINAN

中国劳动社会保障出版社

图书在版编目(CIP)数据

农村劳务经纪人执业指南/冯佺光著. —北京：中国劳动社会保障出版社，2010

ISBN 978-7-5045-8801-2

Ⅰ.①农… Ⅱ.①冯… Ⅲ.①农村经济-经纪人-中国-指南 Ⅳ.①F321-62

中国版本图书馆 CIP 数据核字(2010)第 247568 号

中国劳动社会保障出版社出版发行

（北京市惠新东街 1 号 邮政编码：100029）

*

北京鑫海金澳胶印有限公司印刷装订 新华书店经销

850 毫米×1168 毫米 32 开本 6.375 印张 106 千字

2011 年 1 月第 1 版 2024 年 12 月第 16 次印刷

定价：12.00 元

营销中心电话：400-606-6496

出版社网址：http://www.class.com.cn

目　录

第一章　认识农村劳务经济

第一节　农村劳务经济

一、什么是农村劳务经济

劳务，即劳动服务，是劳动者以自己的体力或智力向需求者提供服务并获取报酬的行为。一般情况是经济欠发达地区和农村以丰富的劳动力资源，通过一定的组织形式，在常住地以外的地区从事劳务活动，获得经济收益，从而带动劳务输出地经济社会的全面发展，促进劳动力在更大范围内合理利用，提高整体社会经济发展水平的一种经济发展形式。随着我国30多年改革开放的深入，农村富余劳动力转移就业规模日益扩大。根据国家统计局报告显示，2009年度全国农民工总量为 2.2 亿多人，比上年增加 1.9%，其中在珠三角地区务工的农民工为 3 282 万人。2009 年我国外出农民工月平均收入为 1 417 元。由于我国农村耕地稀缺，农业收入低下，只有大量农村富余劳动力转移就业，实现劳动效用最大化，增加农民收入，才能促进农业产业的优化和农村的建设和发展。这是事关我国改革开放和现代化建设全局的问题。因此，发展农村劳务经济具有极其重要的现实意义。

二、农村劳务经济的特征

农村劳务经济是我国改革开放之后出现的一种特有的经济活动。我国劳务输出地的农村劳动力资源丰富，大量劳动力临时“离土离乡”到外地打工或经商，已形成了较大的规模。外出劳务者的收入除了基本生活消费外，大部分带回或寄回家乡，在当地经济发展中占据了重要地位。外出劳务者的经济关系仍以农村家庭为主，保留责任田，甚至还直接参与一些农业生产，随时可能停止外出劳务而回家继续从事农业生产或其他家庭经营活动。我国农村劳务活动是在改革开放过程中，伴随着东部沿海地区经济发展速度相对较快，对劳动力需求较大的情况而产生的。同时，随着我国经济的进一步发展，这种经济模式将会变得更加完善。

我国农村劳务经济带有明显的区域性、阶段性，其特征主要表现为：

（一）长期外出务工者以男性青壮年为主

我国第五次全国人口普查流动数据表明，农村流动人口平均年龄为 26.89 岁，90%的农村流动人口的年龄为 16~61 岁，其中 78%的人集中在 16~40 岁这个年龄段，60.5%的人集中在 16~30 岁年龄段。抽样调查表明，农业劳动者的平均年龄为 43.94 岁，而外出务工者的平均年龄为 38.38 岁。在农民工群体中，30 岁以下的占 33.3%，40 岁以下的占 85%；而在农业劳动者中 30 岁以下的只占 14%。从性别构成上看，在中国农村，男性劳动力中有 39.72%的人从事非农劳动，而女性劳动力中却只有 22.63%的人参与非农劳动；与此相对应，参加农业劳动的女性劳动力占参加农业劳动的农村劳动力的 47.88%。

由此可见，农民工基本上是一个以男性青壮年为主的群体。男性参加非农劳动的比例远远高于女性。这是因为首先他们年轻，不愿意遵守传统在家务农，希望能外出打工创出一片天地，改变他们的社会经济地位。其次，在社会主义市场经济条件下，社会提供的流动空间更多地青睐年轻人，且有许多用人单位已经明确规定使用 40 岁以下的年轻人。再者，年轻人无论是在文化程度上，还是体力精力上都具有相对的优势，在激烈的竞争中更容易获得成功。另外，外出打工的就业岗位多是脏、累、苦的工作，不适合女性从事。不过在纺织、饮食、家政等服务性行业，女性农民工比男性要多。更现实的情况是，现在的农民工家庭中只有青年人有更多的机会外出打工。一般上了年纪的农民或者妇女通常留在老家从事农业劳动，照顾小孩，看护家庭。

（二）农民工受教育程度普遍偏低

一般来说，农民工受教育程度大都集中在小学到中学、中专。相对于农业劳动者，他们又属于“高学历者”；但与城市同龄劳动力相比，他们的素质又显然较低，对于高层次的就业岗位的选择余地非常小，绝大多数只能从事那些技术含量低、脏、苦、累的工作。

（三）农民工从事行业以二三产业为主

农民工所从事的工作从行业分布来看，大多以二三产业为主，集中在纺织、挖掘、制造、建筑、家政等工作条件艰苦、污染较重、收入又偏低的岗位上，且多数人从事的是临时工、季节工、小时工、劳务派遣工等临时性工作，就业大多不稳定，流动性较大。

（四）农民工就业稳定性差

农民工与用人单位的劳动关系一般比较松散、不稳定，很多没有签订正式劳动合同，劳动关系随时可能中止。由于农民工大部分为低技能劳动者，在劳动力市场供大于求的情况下，就业者之间竞争激烈，进一步加剧了农民工就业的不稳定性。同时农民工技能低，缺少职业培训，主要依靠体力从事简单的生产和服务，劳动条件十分恶劣，缺少必要的劳动保护。他们的就业一般具有收入较低、缺乏保障、风险较大、劳动程度较强等不稳定性因素。

（五）在外省就业并以发达城市为主

近几年来，农村外出劳动力就业倾向于到外省且以发达大城市为主，这主要是由年务工收入决定的。总体上看，农村外出劳动力的务工收入随着就业所在地城市规模的增大而增加。因此，到大城市和新兴城市就业成为农民工外出务工的首选。

三、发展农村劳务经济的意义

在市场经济条件下，农业与其他经济活动在投入与产出、成本与收益之间的比较下，农民来自农业的利润是比较低的，但农民的总收入还是有所提高。农民收入之所以有所增加，主要得益于劳务收入的增长。自 20 世纪 80 年代以来，我国出现了农民增收缓慢、收入增长速度明显低于城市居民的问题，改革初期曾一度扭转的城乡收入差距被再度扩大。尽管政府采取了许多措施，仍难以阻止农民收入下滑的势头。因此，充分发挥农村劳动力资源优势，大力发展劳务经济，是解决农民增收的有效途径。通过劳务经济，特别是对外输出和引导农业劳动力向二三产业、向城镇有序有效转移，才能化包袱为财富，从根本上走出困境，最终走向富民强国之路。

解决农业、农村和农民问题，是我们全党工作的重中之重。“三农”问题不仅是重大的经济问题，而且是重大的政治问题。实践表明，加快农村富余劳动力转移、发展劳务经济，是增加农民收入的重要途径，是解决好新形势下“三农”问题的关键环节。只有加快农村富余劳动力的转移，提高农村劳动力的非农就业比例，才能不断增加农村劳动力的非农收入，走出一条农民持续增收的新路子。

建设社会主义新农村，必须加快农村富余劳动力的转移。因为通过外出务工，农民增加了收入，开阔了眼界，转变了观念。通过外出务工，提高了农民的素质和觉悟，使他们养成文明的习惯，逐步成为具有市场意识、效益意识和创新意识的新型农民。同时大量农民外出，农村土地流转加速，农业生产大户增多，促进了农业产业集群化发展，农业生产效率大大提高。此外，外出务工农民每年为家乡带回大量资金，除部分用于提高生活水平外，大多数都用于改善农业生产条件、改善农村公用设施和发展民营企业上，从而推进了新农村建设事业的发展。

四、农村劳务经纪人的商机

农村劳务经济发展的大好形势，为农村劳务经纪人提供了有利的商机。全国约有 3 亿人在城市务工，今后还会有很多新的农村劳动力进入各类城市务工，还有部分农民工会回乡创业，这两个方面都会有无限商机可寻。

农村劳务经纪人最知农。很多农村劳务经纪人都是来自农村，对于农民工的思想、特点及其对工作、收入的期望都比较熟悉，从而能有针对性地为农民工牵线搭桥，帮助其找到合适的就业岗位，这种方式是促进农村劳动力转移的重要途径。劳务经纪人作为劳务双方需求的纽带，一旦完成中介任务，就有权得到一定的合理的劳务报酬。如果农村劳务经纪人队伍发展壮大起来，不但可以降低劳动力转移输出的成本，而且使政府劳务部门能腾出更多的时间和精力，投入到协调、管理和服务工作当中。农村劳务经纪人在物质上和精神上为社会、为自己充分创造了价值。

第二节　农村富余劳动力转移的途径

一、农村富余劳动力转移的形式

我国农村富余劳动力转移大体上有四种形式：一是由劳务开发公司直接组织的。二是通过劳务市场获得信息，持当地乡、村证明外出的。三是靠亲友、老乡联系外出的。四是纯粹自发转移的。从总体上看，有组织外出打工的比重还不大，具有劳务输出产业化经营特征的比重就更小。从社会主义市场经济发展要求看，劳动力流动的市场化、产业化是一种必然趋势。

二、农村富余劳动力转移的途径

（一）就地转移

就地转移曾经是20世纪80年代、我国改革前十年农村富余劳动力转移的主要途径，在当时的条件下为农村富余劳动力的转移作出了突出贡献。为适应当时的客观需要，以乡镇企业为代表的农村工业应运而生，成为转移农村富余劳动力的主要渠道，在极短的时间内实现了农村富余劳动力的大规模转移。

现在农村富余劳动力就地转移程度与县域经济发展水平有着很强的关联性，经济比较发达的地区，由于其二三产业能够创造出较多的就业岗位，农村富余劳动力实现地就转移比较容易。就地转移模式如下：

就地转移 { 进厂不离家 / 进厂离家 / 不进厂、离开农务 }

- 进厂不离家
- 进厂离家
- 不进厂、离开农务

（二）异地转移

异地转移是20世纪90年代开始至今我国农村富余劳动力转移的主要形式。在经济不发达地区，由于二三产业发展难以满足当地农村富余劳动力就业，异地转移成为农村富余劳动力转移的主要形式。经济发达地区，市场就业空间广阔，不仅当地现有农村劳动力已基本实现就地转移，还吸纳大量外来农村劳动力就业。近几年来，各级政府重视农村富余劳动力转移就业工作，采取加强农村劳动力技能培训，努力拓宽劳务协作渠道，强化农民工权益保护等各项措施，已经逐步形成了政府推动、市场运作、流动有序、管理规范、服务完善的城乡一体化的劳务输出格局。

异地转移的主要模式如下：

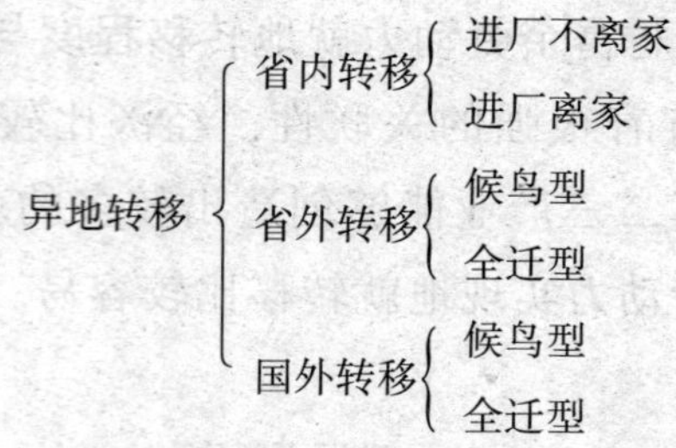

候鸟型——每年年初到城市打工挣钱，年终带钱回家过年，是候鸟型转移的显著特征。据有关部门调查，异地转移就业的农村富余劳动力中，只有17%左右在城镇“定居”下来，成为“真正”的城镇人口中，80%以上是“候鸟型”的流动人口。

全迁型——户口迁入到打工所在地，在当地定居下来，成为当地的居民。入户后可在住房、收费、家属随迁等方面享受相关政策。目前，作为农村富余劳动力输入的珠三角地区，某些城市已经出台对优秀农民工实施落户务工当地的优惠政策，为全迁型的真正实现奠定了政策基础。

三、促进农村富余劳动力转移的方法

（一）加强技能培训，逐步提高农民素质

农村教育、科技、文化事业的发展水平远远落后于城市，长期教育经费的缺乏使得农村教育资源严重短缺，农村适龄儿童入学率低，受教育的质量与数量都比不上城镇居民。农民自身素质低是阻碍农村劳动

力转移的瓶颈。充分运用财政支持手段和市场经济手段，大力调动培训机构、用人单位、社会服务机构和劳动者的积极性，展开多层次、多渠道、多形式的农村劳动力技能培训，提高农民工的劳动技能、工作水平和综合素质，使农民工从体力型就业向技术型、智力型就业转变，增强农民工转移就业能力。

（二）化解身份限制，完善社会保障制度

由于我国实行城乡二元结构，设置了严格的城市准入制度，我国农村富余劳动力大规模转移却无法获得法律上的城市户籍。虽然农民工工作和居住在城市，但他们既不是真正的农民，也不是真正的市民，他们是游走在城市和农村之间的边缘群体。市民身份的缺失，意味着他们不能平等享受经济发展的成果，被排挤在就业保障、医疗养老等制度之外。因此，政府应努力提高农民工的主体地位，消除劳动力转移的歧视性制度障碍，制定公平合理的农民工就业政策，确保农民工与城市居民享有同等的权利和公共服务。与此同时，相关的教育、医疗、住房和保险等社会保障制度的改革步伐也得跟上，排除农民工转移的经济成本和心理上的“排斥感”，提高其工作积极性，让农民工获得合理的劳动和生存的制度环境。

（三）充分发挥政府服务功能

农村劳动力转移是一项巨大的工程，合理有序地推进农村富余劳动力转移需要政府、社会和转移者的共同努力。尤其在政府方面，亟须发挥引导和服务功能：利用各种宣传媒体，教育农民工转变就业观念，增强其转移就业的勇气和自觉性；广泛收集用工信息，为农民工就业铺路搭桥；为转移就业务工人员提供跟踪和权益保护服务；培育市场中介组织，疏通劳动力有序转移就业的渠道；依法整顿劳动力市场，规范中介组织行为等。

经典案例

重庆民间劳务输出第一人

——孙辉菊职业介绍所

孙辉菊，重庆市合川区鞍山村支部书记，孙辉菊职业介绍所经理。20 多年来，她共组织、介绍、带领当地及周边适龄人员约 3 万人次外出务工，创造了重庆民间劳务的奇迹，被称为“重庆民间劳务输出第一人”。

（一）抓住商机闯新路

一次偶然的机会，让孙辉菊走上民间劳务输出这条道路。1987 年，大学毕业的妹妹联系上了广东一家鞋厂，由于担心妹妹的安全，父母便叫她专程护送。没想到，这一送，竟带给她改变命运的一个机会。到了那家鞋厂后，鞋厂刘总向她提出，厂里很缺工人，如果能组织介绍人过来，只要有高中文化、身体健康，试用转正后每月工资200余元，她可获得每人30元组织介绍费。她当时是鞍山村妇女主任，对政策有一定的了解，这不是做“人贩子”嘛，因此她没有立即答应。

当晚，睡在鞋厂招待所里，她失眠了，脑海里不时浮现出村民挥汗如雨、辛勤劳作的身影。鞍山村地处合川山区，村民主要靠种地维生，但人多地少，年人均纯收入不足500元，村民辛苦劳作却始终摆脱不了贫困。想到这些，如果既能让村民走上致富之路，又能体现人生价值，还有钱可挣的事，为什么不能试一试？第二天，孙辉菊找到刘总，答应了他的要求，刘总也同意了她提出的要在厂里住下来全面考察的要求。在其后的一个月里，她以普通工人的身份，全面地考察体验了这家鞋厂的生产、生活、内外环境条件和管理运营情况，总体感觉不错，就兴致勃勃地回家招人了。一个多月后，当她再次来到广东那家鞋厂时，带来了15个怯生生的农村青年，刘总给了她相当于在家务农一年总收入的报酬。后来，带来的这批农村青年工作也很开心，这给了孙辉菊极大的信心和勇气。

（二）遭遇挫折不放弃

初次尝试坚定了孙辉菊的信心。当年年底，她第二次带着150个满怀憧憬的村里人正准备踏上南下广州的列车时，却被公安干警逮了个正着，说她是“人贩子”，并作出罚款1万元的处罚。她当时被吓蒙了，立即将此事电话告知了刘总，刘总得知后既感无奈也很着急，第二天便乘飞机来渝付清罚款，孙辉菊一行人才被放行。“帮着乡亲们找条好出路，有什么错?”孙辉菊虽然想不通，觉得特别委屈，但性格倔强的她并没有放弃，在其后的两周内，分四批把这150人安全送到了广州的工厂。现在政策好了，特别是政府各部门对她还大力支持、鼓励，并为她提供一切便利，她再也不用偷偷摸摸当“人贩子”，而是光明正大地做起劳务经纪人了。

（三）真心实意去服务

这一行干久了，孙辉菊有了经验，既要真心实意地为务工人员服务，给他们找好工作，把他们安全护送到务工地点，更重要的是让他们有一份稳定的、满意的工作和帮助他们维权，并解决好一些实际问题。每次有新工厂向她要人，她都要亲自考察，自己放心了，才让大家去。有一次，一批经她输送出去的农民工打电话向她反映，企业有两个月没发工资了。得到消息后，孙辉菊立即赶赴广州，经过与当地劳动部门协调，使农民工工资顺利发放到手。见这家企业不守信用，在结清工资后，她就把10多名工人从该企业转到了另一家公司。处理好这一事件的消息不胫而走，在外出务工人员中引起了强烈反响，得到了好评，大家也越来越信任她。此外，本村经孙辉菊介绍外出务工的群众，凡是家庭缺劳动力的、经济困难的，在“双抢”季节，她都要组织劳动力义务帮种帮收，几年间帮助本村抢收、抢种4 000余亩。对一时没找到满意工作付不了往返路费的农民工，她全部垫资，待其找到满意工作并领到工资后再寄回还她；对个别家庭特别困难的农民工，她全部资助往返路费，不图回报。她先后共帮助困难外出农民工垫付、资助路费约3万元。凡是农民工遇到问题打电话来找她，她总会千方百计想办法帮助解决。她先后帮助追回欠发农民工工资200多万元，却没有收取任何费用，农民工们感动得热泪盈眶，老的少的都亲切地称她为“孙大姐”。

（四）劳务成就金凤凰

20多年来，经孙辉菊亲自护送到广东等地务工的人员近3万人次，其中，不少当了老板的人又回过头来成了她的客户。比如同村的邱某，是1987年经她介绍外出打工的，现在自己回到当地开了一个厂，资产几千万，就经常要求她帮助组织招工。有的还特邀她加盟，一起创业，她却婉言谢绝，继续她的劳务经纪事业。2007年她通过学习获得了劳务经纪人执业资格证书，成立了孙辉菊职业介绍所，使她的事业有了更大的发展。职业介绍所现有员工8人、业务联络人员40余人，自成立以来，每年由职业介绍所组织输出的外出务工人员均在5 000人左右，务工人员来源也扩大到重庆市外的四川、贵州等地，务工地点由原来的广东、重庆扩大到了全国各地。2009年初她还成批组织了300多人去西藏从事建筑行业。

她开办的孙辉菊职业介绍所，先后被重庆市合川区委、区政府评为诚信企业、先进单位。她先后荣获“重庆市直辖10年建设功臣”、“重庆市十佳农民工”、重庆市“五一”劳动奖章、重庆市农村劳务开发工作先进个人、“全国优秀农民工”等荣誉称号，并荣获感动重庆十大人物和全国“三八红旗手”标兵提名奖。

点评：

孙辉菊作为一位普通的农村妇女，凭着诚心诚信对人对事和为他人办好事的思想，凭着20多年来热心做好民间劳务工作的执著精神，凭着办事认真负责、尽心尽力、不辞辛劳的工作态度，创造了重庆民间劳务的奇迹，成为农村劳务经纪人行业飞出的金凤凰。从事劳务经纪这个行业，她抓住偶然而来的商机，做到了详细考察分析劳务市场信息的真实性、有效性；抓住诚信、诚心、诚恳、诚挚的经纪业务原则，做到了劳务双方满意；抓住不断提高劳务经纪业务水平这个突破口，做到了由“外行到内行、生手到熟手、个人方式到法人经营”的成功转变；抓住把劳务经纪人事业做大做强的机遇，成立了职业介绍所，打造了“孙辉菊民间劳务第一人”品牌。更难能可贵的是，她在已取得的成绩和荣誉面前，不骄不躁，拼搏进取，满怀信心，继续努力，坚持在农村劳务经纪人的大事业中乘风破浪，扬帆前进。

第二章　农村劳务经纪人的职业化和专业化

第一节　农村劳务经纪人职业简介

一、农村劳务经纪人的概念和类型

农村劳务经纪人是为劳务供求双方提供中间或者代理服务，充当农村劳务供求中介，并收取服务费的公民、法人和其他经济组织。它迎合了农业、农村和农民的发展需求，在企业和农民、城市和农村之间筑起了沟通桥梁。它是农村劳务经纪发展的必然产物，也是推动农民走向市场经济的重要力量。

目前农村劳务经纪人的类型主要有以下几种：

1. 以公司形式出现的农村经纪人合法组织。劳务经纪公司有法人代表，有明确的产权关系，因此运行效率高，市场开拓和抵御风险的能力较强，信息资源的综合利用水平较高，是未来农村经纪人发展的必然方向。

2. 专业协会形式。这类协会是自发组建的，没有明确的产权关系，本着民办、民管、民受益的原则，因此运行效率也较高，有利于市场信息流通。

3. 以信息中介服务站为依托的方式，提供一定的劳务市场信息，获取信息服务费。

4. 个体经纪人，主要以个人为单位活动，这是一种原始的组织形式。单独经营必然导致社会总体交易成本过高，且个体抵御风险能力较差，因此效率特别低。

二、农村劳务经纪人的特点

1. 农村劳务经纪人数量迅速扩大，经济组织形式、经纪业务方式呈多样化，经纪业务量越来越大，经纪活动的科技含量、效率逐步提高。

2. 农村劳务经纪人发展不平衡，在经济发达地区如浙江地区发展很快，而在西部经济不发达地区发展很缓慢。

3. 农村劳务经纪人活动的季节性、区域性明显。由于农业生产有季节规律性，有农忙季节与农闲季节之分。在农闲季节，农村劳动力就比农忙季节富余，急切想外出务工的劳动者增多。另外由于气候、地理、农作物特性等原因，不同区域的劳动力供求情况也各不相同。

4. 农村劳务经纪人以个体经营为主，组织化程度低。在几十万农村劳务经纪人实体中，个体经营占了很大的比重，合伙型、公司型等经纪人实体较少，仍处于初始发展阶段，经营规模、经营信誉、经营资质、抗风险能力都比较弱。

5. 农村劳务经纪人整体素质亟须提高。由于个体经纪人占比重大，采集信息的手段比较落后，组织化程度不高。农村劳务经纪人相互之间缺乏信息联系和交流，经纪活动大多呈松散型，更缺乏自律管理及权益自我保护机制。

三、农村劳务经纪人的作用

（一）积极开发利用农村劳动力资源

目前，我国农村富余劳动者有 1 亿人以上。每个农村劳动者物化在农产品中的劳动量每年不足 80 个劳动日，农村富余劳动力就业问题十分突出。另外，随着社会分工的细化，二三产业又需要大量适用的劳动力。农村劳务经纪人通过牵线搭桥，把农村富余劳动力转移到需要的地方去，既充分发挥农村劳动力的作用，又解决了市场劳动力供求矛盾。

（二）拓展劳动力就业渠道

农村长期的大量隐蔽性失业，导致农村劳动力严重过剩。想外出务工，却寻事无门，甚至受骗上当，流落他乡。农民找工作难的问题迫切需要得到重视并给予解决。农村劳务经纪人凭借他们灵通的信息和广泛的联系渠道，能比较容易地了解到劳动力市场的供求情况。由他们联系和组织农民工到工矿、建筑工地或其他地方从事各种建设、生产和服务性劳动，提供的就业门路无疑会比农民自身的门路宽广得多。

（三）促进城乡经济互动发展

从我国经济发展的现实情况看，城乡发展差距较大，城乡经济发展不均衡，农民收入增长缓慢。农村劳务经纪人带动农民就业，可以增加农民收入，改善农民生活水平。农村劳动力进城务农，拓宽了视野，增长了见识，同时又学到了手艺和技术，不仅可以为城市建设贡献力量，而且学识和观念的改变激发了他们建设家乡和自主创业的积极性，成为推动农村经济发展的新生力量，促进了城乡经济的互动发展。

（四）增加农民收入

农村劳动力转移对我国农民收入增长的影响主要表现在两个方面：一是转移劳动力获得的较高收入，提高了农村劳动力的平均收入水平，直接推动了农民收入的增加；二是农村劳动力的转移，提高了农业劳动生产率，间接地推动了农民收入的增长。因此，推动农村劳务经纪人发展，加速农村劳动力转移，是实现农民收入稳定增长的重要措施。

（五）完善劳务市场功能

劳务经纪人是完善劳务市场功能的重要角色之一。劳务市场功能的完善不仅靠政府引导和政策支持，人的主体意识和行为对健全和完善劳务市场功能也起着重要作用。通过职业介绍、就业指导、制订交易双方合同，劳务经纪人在劳务市场交易过程中扮演着不可缺少的重要角色，对完善劳务市场的功能有着重要的影响。

（六）招商引资、引进技术、返乡创业的纽带

近年来，全国各省市外出务工人员数量不断增加，务工收入大幅增长，务工者通过诚实劳动、辛勤耕耘，创造了良好的经济效益和社会效益。当他们在外务工积累的资金、技术、管理、信息、理念等要素达到一定水平时，返乡创业成为一部分有能力的农民工的强烈愿望。随着劳务经济的发展，劳务经纪活动分工越来越细，不仅能提供劳务代理、劳务信息收集与分析、劳务供求交易撮合、劳务法律等方面的服务，还能为引进技术、返乡创业提供各类需求信息和专业性的服务，成为招商引资、技术引进、返乡创业的纽带。经纪活动扮演了催化和润滑的角色，为经济发展减少障碍，促进了当地农村经济的繁荣。

实践证明，农村劳务经纪人已经成为农村劳动力供求双方的重要牵头人和引领农民向二三产业转移的带头人，农村劳务经纪人是政府、企业和市场相互促动、相互联系的纽带。

四、农村劳务经纪人经纪活动内容

农村经纪业务主要有 6 种：农村现货商品经纪业务、农村技术转化经纪业务、农村信息经纪业务、农村劳动力转移经纪业务、农村保险经纪业务及其他经纪业务。其中农村劳动力转移经纪业务也就是农村劳务经纪业务。农村劳务经纪人经纪活动内容主要有：

1. 信息传递

信息传递是农村劳务经纪人的基本职能。农村劳务经纪人接受工作供给或需求一方的委托，带着供给或需求一方的信息寻找相应的需求方或供给方，从中牵线搭桥，促成交易，在完成经纪业务后，经纪人收取相应的佣金。在这种活动中，农村劳务经纪人只是为供求双方提供相互交流的机会，撮合双方成交。

2. 代表一方进行谈判

通常，劳务经纪人通过提供信息把供求双方联系起来，但在交易条件上双方可能出现较大的分歧。在这样的情况下，经过委托人的授权，劳务经纪人可以代表委托人与交易对方进行谈判。当然，这种谈判必须在委托人授权范围之内进行，对任何超越授权范围的经纪行为，都应事先征求委托人的同意，并把谈判进程及时向委托人通报。

3. 交易咨询

在交易者不熟悉商务、法律等事宜时，劳务经纪人可以提供咨询并协助办理有关手续。比如为委托方制定的价格提供信息反馈，协助企业搞市场调查、分析和预测等工作。

4. 为交易活动草拟文件

劳务经纪人可以根据委托方的意思，进行经纪活动中有关文件的草拟工作。交易文件具有法律效力，涉及双方当事人的经济利益。因此，交易文件虽可由劳务经纪人代为草拟，但必须通过协商最终确定并由当事人签名盖章。

5. 为交易提供保障

劳务经纪人的活动和职能，是交易安全的一种保障，起着经纪担保的作用。这种担保不是负连带赔偿责任的担保，而是以信誉条件保证交易能够完成的契约。

6. 劳务派遣

劳务派遣是农村劳务经纪的新方式，是指用人单位将人力资源外包给劳务派遣机构的一种形式。也就是用人单位根据实际工作需要，向劳务派遣机构提出所需人员的标准和工资待遇，由派遣机构通过市场招聘、查询人才库等方式搜索合格人员，把筛选合格的人员送交用人单位，由用人单位确定最终人选。然后，用人单位与派遣机构签订劳务派遣合同，被聘人员与派遣机构签订劳务合同，用人单位与劳务人员签订劳务协议，用人单位与劳动者之间只有雇佣关系，没有聘用合同关系。其中，劳务派遣机构（劳务经纪人）的主要工作流程为：

（1）业务咨询。初步了解双方意向，确认合法资质，交换公司基本情况并加以说明。

（2）分析考察。依据用人单位提出的要求，对实际工作环境、岗位进行了解，如有必要可进行实地考察。

（3）提出派遣方案。根据用人单位要求及现有状况，制订劳务派遣方案。

（4）洽谈方案。双方研究、协商劳务派遣方案内容，并在合法用工的前提下修改、完善派遣方案。

（5）签订劳务派遣合同。与用人单位签订劳务派遣合同，明确双方权利和义务，分清法律责任。

（6）招聘人员。从当地人才市场或者乡村以广告等形式招聘符合条件的员工，对其实施岗前培训及考核后派往各用人单位。

（7）用人单位考核。用人单位根据《劳务派遣合同》中的标准、考核办法、考核程序，对劳务经纪人所提供的人员进行考核，合格之后与务工人员签订劳动协议。

(8) 务工人员的管理。用人单位签订劳动协议之后，劳务经纪人与务工人员签订劳务合同。如果有必要，还需要将务工人员的劳动关系转移至所在劳务服务公司或当地人才市场。

实行劳务派遣，首先实际用人单位能够降低用人成本、方便人事管理、减少劳动纠纷。其次，劳务经纪人能够一次性地获取大规模劳务人员的中介费用，个别情况下，劳务经纪人自行组织劳务，可赚取中间的劳务差价。最后，劳务派遣降低了农民外出务工的风险，保障了他们的收益，并且往往能够获得一定的技术。因此，劳务派遣获得用人单位、劳务经纪人和农民的欢迎，并得到政府的支持。

7. 劳动事务代理

劳动事务代理是指劳务经纪人（或机构）接受用人单位或劳动者的委托，代表用人单位或劳动者办理劳动者就业期间的部分或全部相关劳动人事或社会保险事务。

劳动事务代理服务的主要内容有：

(1) 综合代理服务。包括保管和整理档案、保留劳动者原有身份、计算核实工龄；代办养老、工伤、失业、生育、医疗等社会保险和住房公积金；代办职称及技术等级认定；代办政审、调进、调出、退休手续；出具以劳动人事档案为依据的证明；代办劳动合同鉴证等。

(2) 档案托管服务。包括保留劳务者原有身份、原技术等级（职称)、原已确认的连续工龄和社会保险缴费年限，并根据法律、法规和政策规定办理接续手续。

(3) 其他单项选择代理服务。主要包括代办社会保障、住房公积金，代办职称、技术等级评定，代办调动手续，代办退休手续，代办出国政审，代办护照，代办经济特区出入证件，代办用工申报，代办劳动合同签证，代办劳动年审，代办招聘广告。

目前大多数农村劳务经纪人还不能代办档案、职称之类的证明文档以及政审、退休、调动等手续，但劳务经纪人依然可以在以下环节提供劳动事务代理服务：

(1) 合同签订和监督实施。用人单位为了规避风险，雇佣农村劳动力时多数不签订合同；即使签订合同，也因为劳动者势单力薄，而签订不平等条款。因此，劳务经纪人可以督促或代理劳务人员，与用人单位签订劳务合同，并且可以依靠自己的知识和经验，审核合同的漏洞，然后依靠自己组织劳务的力量与用人单位进行谈判，为农民工争取更多的权益。劳务经纪人还应经常与用人单位或农民工联系，了解合同的执行情况，比如工资是否按时发放等。

目前我国劳动法规定用人单位必须为农民工缴纳社会保险，但落到实处的很少。劳务经纪人知法懂法，可以根据法律，督促用人单位缴纳相应费用，以保障农民工权益。

（2）技术登记测评。劳务经纪人应该联系劳动部门、人事部门或其他职能部门，为农村劳务人员进行技术等级的核定。农村劳务人员技术定级之后，可以为其工资福利的发放提供参考依据，增加其对自身能力的判断力以及在务工时候的谈判资本，方便主管机构实施持证上岗管理，尤其是爆破、高空作业等特殊工种。

劳务经纪人还可以组织农村劳务人员参加考试，或者请相应的认证中心到工作现场进行测评。某些时候，劳务经纪人还可以携手培训机构，对劳务人员进行相应的技能培训，然后考核定级。

（3）为劳动者办理务工、创业所需手续。劳务经纪人凭借自己对政策的熟悉，协助农村劳务人员办理《暂住证》《边防证》《计划生育证》《身份证》等类似证件或证明，方便农村劳务人员在当地就业。如果是涉外劳务，劳务经纪人还可以协助办理护照、签证等。如果农村劳务人员在当地创业，劳务经纪人可以协助办理营业执照、税务登记等手续。

8. 成立猎头公司

现代猎头公司是经纪活动的高级形式，它的工作同样离不开时时沟通。猎头公司首要的是与客户沟通，了解客户需要什么样的人，将担任什么职位，应具备什么样的工作经验、教育背景、业务能力、人格品质等。然后在约定的时间内，根据客户需求，寻找合适的人选。猎头公司为了一个职位往往需要寻访几十人甚至上百人，然后再确定四五个人做候选。同时，与“猎物”——职位候选人进行沟通。猎头就像红娘一样为客户和“候选人”牵线搭桥，协助二者达成一致。若双方无法达成共识，猎头还要继续寻找推荐，直到为客户找到满意的人选为止。完成经纪活动一段时间后猎头公司往往还要回访，看双方是否满意，工作是否顺利等。这一运作程序就是现代猎头公司的经纪活动主要内容。猎头公司经纪活动中应注意以下事项：

(1) 专注特定行业，建立人才库。作为猎头的劳务经纪人所服务的劳资双方大都是大型企业的重要岗位，劳务经纪人要掌握其业务方向，掌握资方对人才的需求要点，要能在适当的时候“推荐”合适人选，协调双方的期望。可行的方案是专注于 1~2 个行业，对该行业走势进行跟踪，对行业内大型企业进行访谈调查，熟悉其业务范围和人才结构，与该行业的人才队伍进行亲密接触，建立人才资源库，对部分有潜力的人选长期重点培养包装。劳务经纪人在猎头服务过程中，为减少不必要的开支，可以与相关方进行合作，信息共享，利益共享。

（2）提供免费服务，打造合作伙伴关系。猎头公司一般有自己的顾问团队，对企业结构、企业文化、薪酬设计具有专家意见。对中高级人才的职业生涯规划、职业性格测试、职业设计、咨询和指导等都有系列解决方案。猎头公司还对中高级人才市场的供求及薪酬烂熟于心。劳务经纪人可以利用这种资源和能力优势，给客户提供信息，提供一些免费服务，培养和客户的长期感情，取得客户的信任，从而与客户建立良好的合作伙伴关系。

（3）猎头有道。猎头公司是一个桥梁，是一种良好的机制，最大的好处是实现了人才资源的优化配置，同时也促使人才不断自我提升。猎头公司从来不是以自己的企业利益为唯一诉求，其特色在于把客户（企业）、候选人才、被挖企业三者关系处理好。某些时候，不能猎取相应的人才，可以采用“人才租赁”方式实现人才的流动和价值最大化。

值得注意的是：不挖企业的“右手”——掌握企业核心机密的人。因为挖走他，这个企业就空了，另一个企业靠被挖企业的血肉建立起来，在规范的市场环境中，这种行为是要受到法律制裁的。切忌从现有的客户企业中挖人。为避免出现这种状况，一家猎头公司不会在同一行业发展多家长期客户，一般一个行业发展一家，最多两家。和“猎物”打交道，不能搞得沸沸扬扬，要替“猎物”保密，这是猎头公司的“游戏规则”。

目前，我国部分省市出台《人才条例》，对猎头公司寻聘的人才做出限制，劳务经纪人应该以法律法规为戒，避免出现不必要的纠纷。

五、农村劳务经纪人的经纪过程

劳务经纪人在从事劳动力市场中介服务过程中，应当严格按照标准的行纪规范来操作，一般包括劳务经纪人的服务范围和服务程序两方面。

1. 农村劳务经纪人的服务范围

(1) 信息服务。包括劳动力供需及其变化趋势等信息的收集和发布。

(2) 咨询服务。包括择业、就业、聘用、管理、社会保障等相关政策、法规的咨询。

(3) 指导服务。包括劳动者职业能力测评，职业分析与评价，求职方法，就业设计及用人单位聘用、使用人才观念和方法指导等。

(4) 介绍服务。包括求职者和招聘人面谈，介绍就业和推荐用人，举办招聘洽谈会，引导劳动者流动就业等。

(5) 委托服务。指经劳动保障行政部门专门认定的职业中介机构，接受用人单位和求职者的委托存放档案，办理劳动合同签订及有关职业培训和社会保障等事务。

（6）其他服务。农村劳务经纪人还要尽义务帮助求职者和用人单位开展包括就业登记、单位用人备案、职业介绍服务中的争议处理等，还可以协助有关行政部门进行劳动力市场监督检查等工作。

2. 服务程序

求职者和用人单位进入职业中介机构以后，农村劳务经纪人应当按照一套标准的程序提供服务。

（1）收集信息。劳务经纪人广泛、适时收集信息十分重要，其核心是获取劳动力供求信息，它直接关系到经纪人的经纪机会与经纪效率。获取信息的途径有：媒体宣传、广告、信息网络以及经纪人与社会建立的自有联系网。

掌握劳动力供求，主要从两个方面进行调查：一是要了解劳动力资源的数量、质量、构成和时空分布；二是通过各种途径了解用人单位对劳动力需求情况，掌握用人单位的性质、需要招聘的人数、工种要求、工资待遇等，建立劳动力供求报表，如有条件，可以建立劳动力供求的数据库，以便查询和分析。

（2）核实信息。为了保证获得的劳动力供求信息真实、准确，经纪人应认真核实获得的信息。一是审核求职者的信息。主要核实求职者向经纪机构提供的乡镇以上的介绍信、身份证、学历证、健康证等证件是否齐全，查验求职者提供的性别、年龄、身高、体重、健康状况、劳动能力、择业愿望、文化程度、工资要求等的真实性和合法性。二是审核用人单位提供的信息。主要核实用人单位向经纪机构提供的用工申请、用人单位有关的资信资料中的单位性质和地址、招工简章中招聘人数、招用条件、用工形式、工作期限、录用办法、劳动报酬和福利待遇等情况，查验用人单位的真实性和用工的合法性。

（3）供需见面。农村劳务经纪人根据自己掌握的劳动力供需的详细信息，进行组合配搭，牵线搭桥，在供求双方认为需要时，组织召开供需双方洽谈会或者双方个别接洽，为用人单位和求职者提供见面机会，这是用人单位和求职者进一步拉近距离的重要环节。

（4）职业指导。职业指导是指向求职者和用人单位提供就业政策和就业信息等方面的咨询与服务，为求职的农民合理选择职业、提高职业适应性提供咨询服务，为用人单位和求职者搭建双向选择的桥梁，加速农村劳动力的转移。

职业指导分为求职指导和用人指导。对求职者进行职业指导的方式大体是：采取个人面谈、集体座谈、大会报告、集中授课、通信联系等方式开展职业指导工作。分析和提供社会用工发展和劳动力市场供求变化趋势；对求职者进行素质和劳动技能的测试、评价；帮助求职者了解社会职业结构变化情况，掌握求职的方法，确定择业的方向，增强择业的能力；向求职者提出培训建议，并帮助向就业培训机构推荐等。

对用人单位的用人指导程序是：根据用人单位提供的基本情况和用人要求，以及劳动力市场供求状况等信息，对空缺岗位及其用人单位的要求进行分析，帮助用人单位调整相关政策和管理方式，提出培训单位内部工作人员的建议，并向用人单位适时提供相关信息和服务，促进其树立正确的用人观念，规范用人行为。

（5）签订合同。求职者和招聘者经过面谈达成共识，相互意向选择对方，劳务经纪人就要抓住时机，帮助签订劳动合同，明确工种、用工期限、劳动报酬、福利待遇等。农村劳务经纪人还要督促实施。在双方发生劳动争议时，要协助劳动力市场主管部门进行调查、调解，合理解决矛盾，切实维护当事人的合法权益。

（6）收取佣金。根据有关规定，农村劳务经纪人指导求职者和用人单位建立劳动关系，订立劳动合同，就完成了中介工作，依法收取合理的佣金。

第二节　劳务经纪人的执业对象——劳务市场

一、劳务市场的基本功能与运行

（一）劳务市场的基本功能

1. 匹配功能

任何社会生产中都存在劳动者与生产资料之间的匹配问题，我国 20 世纪五六十年代是通过国家统包统配的行政调配手段，使劳动者与生产资料相结合。而改革开放后出现的农村劳务活动是通过劳务市场使劳动者与生产资料结合成一体。这种结合之所以富于生命力，是因为它遵循价值规律和劳动供求规律，能够自发地调解劳动力分配，使企业按生产经营需要吞吐劳动力，从而增强企业活力。

2. 信息传递功能

在劳务市场运行过程中，贯穿着两种“流动”，一种是劳动力的流动，一种是信息的流动。信息的流动是伴随着劳动力的流动而产生的，反过来又引导劳动力规律地流动。劳动者通过信息及时调整择业方向，企业通过信息选择满意的劳动者，职业培训单位通过信息开展培训，职业介绍所通过信息引导劳动力合理流动。所以，信息传递功能是劳务市场的重要功能。

3. 评价指示功能

劳动者能否从事生产劳动，即能否与生产资料相结合，劳动者的劳动能力（潜力）能否充分发挥，在于劳动者的职业素质与职业（岗位）需要素质的适应程度。只有通过在劳务市场的公开、自愿、平等竞争，劳动者与企业的相互选择才有可能实现供求双方的最佳结合。也就是说，劳务市场具有评价指示劳动者和企业素质的功能。劳务市场的这种评价指示功能，有利于节约社会劳动，从而加速经济发展。

4. 引导功能

在市场经济条件下，劳务市场通过价值规律调节劳动力供求，仍然具有一定的盲目性，因此必须在国家政策计划宏观指导下，才能引导社会劳动力资源有计划、按比例地分配到国民经济的各个部门。劳务市场运用经济、法律、行政、信息等多种手段，对劳动者择业和企业用工行为进行引导，从而保证企业用工的需要和劳动者就业，使劳动力在国民经济各个部门之间合理分布，促进经济的发展，使社会劳动力供需保持基本平衡。

5. 激励实现功能

工资收入和劳务价格是刺激劳动力流动、调节劳动力供求平衡的杠杆。国家根据劳务市场反映出来的劳动力供求关系确定劳务价格或调整工资水平，引导劳动力合理流动，激励劳动者提高素质，满足生产岗位对劳动力的要求，实现劳动力供求的相对平衡。劳务市场的这种激励实现功能，有利于打破分配中的平均主义，促进全体劳动者素质的提高。

6. 服务功能

为供求双方服务，这是劳务市场的基本职能，不仅要给供求双方提供信息，从中牵线搭桥，促成交易，还要为交易做咨询、合同谈判和起草，为双方的交易提供服务保障。

7. 规范功能

劳务市场为劳务供求双方服务，凭借其具备的法律知识和业务专业知识，在交易过程中起到规范交易程序，使交易过程严格遵守相关的法律法规，并为交易双方提供法律咨询和监督的功能。

（二）劳务市场的运行机制

1. 供求机制

劳务市场要运行，首先要有劳动力的供给与需求。劳动力供给取决于达到劳动年龄的人口的数量和质量；劳动力的需求取决于经济发展水平、产业结构调整和城市发展速度。劳动力的供给和需求受到很多因素的影响，供求平衡是偶然性的，不平衡是经常性的。因此，国家需要制定相应的人口政策、教育政策、流动政策等，使劳动力的数量、质量与经济发展水平相适应，实现劳动力供求在总量上的平衡。通过劳动力的社会化管理、扩大企业用工自主权，允许劳动力按社会需求在地区、行业、企业、岗位之间合理流动，实现供求的平衡。此外，国家还应加强对劳动力资源供求状况和变动趋势的调查和预测，掌握劳动力供求的变化规律，制定劳动力供求平衡计划和相应的政策，并运用经济、法律和必要的行政手段进行调控。

2. 竞争机制

国家通过立法为求职者创造一个机会均等、公开竞争的条件，使求职者接受同等竞争条件的筛选。只有在公开、平等、自愿和相互选择的基础上竞争就业，才会形成良性就业竞争条件。竞争产生的激励作用，使求职者努力学习、提高素质、增强竞争能力，扩大择业机会，从而促进劳动者以至整个民族素质的提高。在竞争机制的作用下，用人单位为获得满意的劳动者并在竞争中取胜，必须不断改善工作环境、降低劳动强度、提高工资福利待遇，创造一种能吸引、凝聚劳动者的条件。因此，必然促进企业经营管理水平的提高、经济效益的增长、企业素质的提高。在竞争机制的作用下，劳务市场服务机构也处于竞争之中，促使其以优质服务、低廉的服务费用等赢得竞争，服务对象，树立社会信誉，提高知名度，从而给劳务市场带来活力，使劳务市场服务机构更齐全，服务更周到，管理更完善。

3. 分配机制

市场调节是以价值规律为依据，在劳务市场中，工资分配对劳动力流动和供求起着一定的调节作用。对劳动者来说，工资收入是劳动者选择职业的重要参数；对用人单位来说，能通过工资水平来吸引所需要的劳动者；对国家来说，可以通过工资水平调节劳动力供求平衡。

4. 风险机制

企业因经营不善而破产，会导致企业员工失业，失业现象的出现将促使国家注意从宏观上调整产业结构、投资方向或就业政策，及时解决失业问题。在显性失业的情况下，也会促使失业者在社会评价和市场竞争面前，矫正自我评价偏高的倾向，增强自谋职业的主动性，形成一种必须靠努力学习，提高自身素质，靠真才实学、竞争就业的气氛，同时也使在职职工有一种危机感和紧迫感。此外，国家为降低失业率，会更加重视劳务市场服务机构设施的建设，投入更多的资金和人力，采取相应的措施，使劳动力市场得到发展。

二、劳务市场的基本类型

劳务市场的系统构成可以从两个方面来理解。一是从市场构成上来认识；二是从市场服务对象来认识。

（一）按劳务市场的构成分类

劳务市场按劳务服务范围划分，有专业性劳务市场和综合劳务市场；按劳务性质划分，有体力型劳务市场和智力型劳务市场；按劳务流通的方式划分，有即刻劳务市场和预约劳务市场；按劳务交易空间划分，有有形劳务市场和无形劳务市场。下面就其中两种分类方法做重点介绍。

1. 专业性劳务市场和综合劳务市场

专业性劳务市场是以服务项目单一的中介机构为主体的市场。综合市场是多种服务项目相对集中的市场。一般来说，建立劳务市场体系首先要从开放各类专业市场入手，在此基础上发展综合市场。目前，我国一些大中型城市已相继出现了一批综合劳务市场。

综合劳务市场的功能比较完善。一方面，能够提供系统的劳务中介服务；另一方面，可以汇集市场上的综合劳务信息，对劳动力供求构成及发展趋势进行预测，指导各专业市场和其他形式的劳务活动并提供咨询。此外，便于组织较大规模的综合性劳务交流活动，促成行业之间、地区之间的劳务合作，并为系统的工程承包提供交易的场所和咨询服务。

2. 体力型劳务市场和智力型劳务市场

体力型劳务市场是以初级劳务活动，或者说是简单劳动为主的市场。其具体市场活动形式有：家庭服务、普通壮工流动、民间工匠流动、加工性劳务承包、一般劳务服务、劳动力调剂以及一般性技工服务等。

体力型劳务市场是我国当前解决就业的一条重要渠道，也是某些特殊生产行业如建筑、运输、煤矿、纺织等需要大量简单劳动的行业用于调剂的重要途径。同时，允许简单劳动流通，可以克服简单劳动终身化，不利于劳动者发展的弊端，特别适应当前城镇劳动力素质不断提高的发展需要。

智力型劳务市场主要是以高技术、高知识人才进行劳务活动为主的市场。其具体的市场形式主要有：人才流动、技工交流、技术咨询、技术承包、技术培训、技术人员兼职、星期天工程师活动等。

目前，在我国劳务市场发展战略研究中已提出了“两头动，中间稳”的基本方针，即允许具有高技术、高知识的劳动力和简单劳动力先行流动，在此基础上再发展中间层次上的劳动力流动，最终实现完整的劳务市场体系。

（二）按劳务市场服务对象分类

1. 生活劳务市场

即劳务市场服务对象是直接为人们生活提供服务的市场，关系到人们的基本生活需要，直接地决定周围服务市场规模与市场水平发展，如饮食、理发、浴地、旅店、影院、剧院等。

2. 生产劳务市场

即劳务市场服务对象是直接为生产和再生产过程提供有关劳务的市场，如运输、保管、包装、维修等。由于劳务服务的部门、行业或职业的性质不同，产生的服务所起的作用也就有所不同。有的服务能满足人民精神生活的需要，如艺术、旅游等；有的服务与生产过程直接发生联系，如科学技术服务直接应用于生产过程；又如商品的分类、包装和保管服务属于生产过程在流通领域的继续。这类活动是生产性的，能创造价值，计算其成果时，应计入国民收入中，其他劳动并不创造价值。

除以上两种分类方式之外，按专业、行业划分，还可分为建筑业劳务市场、证券业劳务市场、家政业劳务市场；按照有没有实体划分，还分为具体的职介所和人才市场，以及网上人才市场和网上职介所。

三、我国劳务市场的基本现状

（一）我国劳务市场的基本特点

劳务市场的发展是由经济发展水平和社会经济关系决定的。作为经济改革与经济发展中出现的新事物，经济发展的阶段性、经济改革的渐进性以及基本国情，使我国劳务市场具有一些突出的特点。

1. 发展差异性

我国地域辽阔，劳动力资源相当丰富，但各地经济发展水平差异很大，因此，劳务市场的发展状况也不一致。一般来说，经济发达地区劳动力的需求量较大，劳动力的流动性也较强，劳务市场的发达程度较高。相反，经济欠发达地区的劳务市场的发达程度就显得不足。所以劳务市场的区际差异明显存在。过去在传统体制下，不仅农村富余劳动力难以流入城市，而且农村非农产业劳动力也难以流入城市。目前，农村劳务市场虽然有所发展，但城乡两个劳务市场的发达程度都不高，已具雏形的农村劳务市场仍与城市劳务市场相对独立而存在。

2. 多层次、有组织性

我国的劳务活动，从一开始就是在政府、社会和企业各种力量的参与下形成和发展起来的，随着劳务市场的逐步建立和完善，将形成政府、社会、企业的分层劳动力管理组织机构。目前，各种劳动服务组织逐步走向规范，市场化的劳动力服务体系开始形成。主要表现为：各级政府的劳动管理部门职能转变，由过去侧重于对企业劳动用工计划的具体指标进行分配和控制转变为服务和监督，由直接行政管理转变为通过经济、法律和行政手段对劳务市场的间接管理；各种社会力量广泛介入劳务市场，成立各种劳动力咨询服务机构，积极从事职业介绍和就业培训服务；企业劳动管理部门从原来听命于上级的状态下解放出来，使企业的劳动力资源的使用直接与生产经营的实际相联系，不仅通过劳务市场解决本企业的劳动力吐纳，还通过企业内劳动力的市场化管理搞活了企业劳动制度。一些有条件的企业还把劳务市场经营作为一种新的产业进行尝试，为扩大社会劳动力的流动，加快劳务市场的建立开通了一条新的路径。

3. 相对独立性

劳务市场是重要的生产要素市场，但又区别于其他生产资料市场。原因在于劳务市场有区别于物质资料市场的独立性。虽然劳动力作为一种生产要素，可以进行市场交易，而且具有很强流动性，但由于劳动力的交易涉及重大的非市场化因素，反映某种特定的社会经济关系，社会的、政治的、文化和意识形态的因素都可能对劳务市场的交易产生影响。当劳务市场受经济波动影响较大时，非经济因素就可能对市场秩序和劳动者的利益进行保护。

4. 适度流动性

劳动力是比其他生产资料流动性更强的生产要素。劳动力资源是以劳动者个人所有的形式存在的，其可流动的最小经纪规模往往是以劳动者个体的形式出现，这就为劳动力的流动创造了最基本的条件。另外，劳动者还可以通过不断学习，更新自己的知识结构和专业技能，提高自己对职业变化的适应性，从而可以降低劳动力资源的专用性，进一步扫清劳动力流动的实际障碍。所以，劳动力成为整个市场体系中流动性最强的资源。但目前由于全国统一的劳务市场还未形成，劳动力的流动仍存在许多体制上的障碍或实际困难，因此，劳动力资源流动还不可能是充分流动，而只能是一种适度流动。

5. 体系综合性

经济发展水平和社会生活多方面因素决定我国现阶段劳务市场不存在一个整齐划一的标准模式，而是一个由多种市场模式组成的综合体系。综合体系内各类劳务市场的发育水平很不相同，经济发展水平不同的地区劳务市场发展水平差异很大，同一地区不同行业、不同企业间的劳务市场发育水平很不相同，各种专门化人才市场的发育水平也很不相同。

（二）我国农村劳务市场日趋繁荣

劳动力的自由流动实现了劳动力的最大价值，最大限度地获得了自己的劳动所得。

我国农村富余劳动力的转移，提高了农民收入，减轻了农村土地承受的压力，并给农村带回了资金、技术、观念、人才，繁荣了农村市场。据统计，2010 年我国共有 2.3 亿农民工，外出打工农民工有 1.5 亿。在农村劳动力大量涌进城镇务工、经商的同时，城镇居民也进入农村从事高产、优质、高效的种养业及农产品加工销售等行业，从而给农村带来了先进的技术、市场经营管理经验、产业基

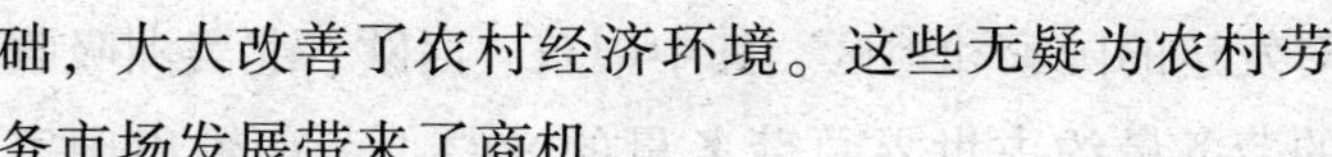

础，大大改善了农村经济环境。这些无疑为农村劳务市场发展带来了商机。

另外，劳动力市场发展也促进了劳务市场和相关法律法规的完善。近几年，我国陆续出台了《劳动合同法》《就业促进法》等法律，并修订了《人才市场管理法规》等，更加明确了劳务市场的功能、政府管理部门的职能以及从业人员的操作规程，从法律角度对劳务市场的发展提供了保障。

四、国内劳务与国际（海外）劳务

国内劳务输出规模较大，种类多样，有工程性劳务（建筑等）、技术性劳务和城市服务性劳务（包括家庭服务、环境卫生、园林、搬运等），其中以工程性劳务居多。劳务输入地区主要是大规模开展基本建设的地区，劳动强度大、劳动条件差的工矿区，技术力量不足地区（广大乡村乡镇企业），以及结构性劳动力不足的大城市。劳务输出地区主要是广大农村劳动力富余地区和贫困地区（边远山区和灾区）。

国际劳务输出在第二次世界大战后获得了较大发展，已成为许多国家开展对外经济合作的一种重要形式。据国际劳工组织估计，目前全球每年的劳务容量为3 000 万~3 500 万人，比 20 世纪 80 年代初的2 000 万人增长 50%以上。劳务输入国家和地区仍主要在中东、北非产油国、欧洲、北美和日本等经济相对发达的国家和地区。其中中东、西欧、北美洲吸收的劳务量约占世界总劳务量的 80%。劳务输出国家和地区主要在亚洲，输出的劳务量约占世界劳务输出总量的60%，主要有印度、巴基斯坦、斯里兰卡、孟加拉国、泰国、菲律宾等。随着全球产业结构调整促进劳务需求行业发生变化，信息产业、生物工程、环保工程等朝阳产业对劳动力的需求逐步取代了传统的建筑、纺织、土木工程等产业。另外医护人员、教师等专业技术人员需求仍持续增长。我国自 20 世纪 80 年代以来开始国际劳务输出，但输出量不多，且大多是劳动密集型行业的劳务，如建筑、筑路等。

第三节　农村劳务经纪人应具备的专业知识与技能

一、经济基础理论知识

（一）农业经济学知识

农业经济学是研究农业经济发展与农业经济管理的规律性的学科。新型农村经纪人要掌握农业生产的规律和特征，农产品产销的时空分布和差异等。

（二）商业经济学知识

商业经济学是专门研究商业部门及商品运行的

经济关系及其发展规律的学科。主要内容包括：商业的基本理论，商业部门内部的经济关系，国家对商业的领导和管理，商业的业务，商业经营的保证条件，商品流通与管理，商业的资金、费用和经济效益，商业的利润和利润分配以及商业的发展前景和发展战略。

（三）价格学知识

价格学是研究商品价格形式及其变化规律的学科，研究对象包括价格形式规律、价格运行规律、比价和价格杠杆的作用、农产品的各种价格之间的关系等问题。

二、商贸知识

想要成为一个成功的新型农村劳务经纪人不是一件简单的事。商贸知识作为新型农村劳务经纪人的专业知识，是决定新型农村劳务经纪人成败的关键。农村劳务经纪人是特殊的商人，周旋于劳动力供求双方，从事各种中介活动，这就要求他们必须掌握丰富的商贸知识。商贸知识丰富，视野会更开阔，更善于捕捉机会。新型农村劳务经纪人需要掌握的商贸基本知识应包括以下三个方面的内容：市场营销学、市场行情学、商品技术学。

三、政策法律知识

依法办事是时代的必然要求，在社会生活的许多领域，都有法律规范约束和调整人们的行为。农村劳务经纪人从事经纪活动，也必须掌握一定的法律知识。

与农村劳动力转移就业密切相关的法律法规主要有《劳动法》《劳动合同法》《就业促进法》。

此外，劳务经纪人除了要学习公民普遍应当学习的法律法规外，更要学好以下法律法规：

1. 学习《民法通则》，掌握法人和代理部分的主要内容。

2. 学习《合同法》，掌握经纪合同的订立、变更和解除等主要内容。

3. 学习《经纪人管理办法》，熟知经纪人的权利、义务和应遵守的规则。

4. 学习《中华人民共和国消费者权益保护法》，了解消费者的权利、经营者的义务、国家对消费者合法权益的保护以及争议的解决方法。

劳务经纪人还要根据自己所从事的经纪业务需要，重点学习有关法规和政策。比如劳动就业制度、工资法律制度、工时法律制度、劳动保护法律制度、劳动争议调解及其法律制度，充分保障劳动者的合法权益。学习国家和各地的《人才市场管理规定》，了解国家和各地的劳务经纪以及劳务中介的操作规范和政府职能。学习各地的《人才市场中介组织管理条例》，了解各地对从事职业介绍以及跨地区劳务输出输入的规定。

四、心理学知识

心理学是研究人的心理规律，即认识、情感、意识等心理过程和能力、性格等心理特征规律的学科。农村劳务经纪人要掌握一定的心理知识，丰富对人的本质的全面理解，以便形成准确的心理判断能力，恰如其分地揣摩供求双方的意图，掌握较好的谈判技巧，排除谈判过程中遇到的障碍。一定的心理学知识，能帮助农村劳务经纪人提高业务效率。心理学有许多分支，经纪人主要掌握一些应用心理学知识，如社会心理学、管理心理学、推销心理学、消费心理学、人际关系社会心理学、公共关系心理学、商业心理学和发展心理学等。

五、信息知识与技能

通俗地说，信息是指具有新内容、新知识的消息。在当前的信息社会中，掌握信息知识是非常重要的，对于劳务经纪人也不例外。因为劳务经纪人主要通过掌握信息，为供需双方牵线搭桥或提供咨询服务，从中收取佣金。信息的价值和质量是决定经纪人事业成败和收益大小的一个重要基础。因此，农村劳务经纪人必须有强烈的信息意识，只有这样，才能在获取信息时，做到眼勤、耳勤、手勤、嘴勤、腿勤。应学习和改进采集加工信息手段，掌握获取信息的科学方法，以确保获取信息的时效性、可靠性和全面性。

六、公关知识与技能

农村劳务经纪人能够赢得客户，促成供求双方顺利交易，靠的是精通业务和具有良好的信誉。因此，要求经纪人要善于分析客户的目的、要求及思想行为特点，善于分析现实和潜在目标客户的需求情况，摸清双方达成交易的障碍因素等，以便排除障碍，撮合成交。所以农村劳务经纪人应掌握必要的公关知识。经纪人善于公关，才能建立起和谐的人际关系，才能了解人们的需求，从而有针对性地为交易者提供中介服务，使经纪工作更富有成效。

公关的传播媒介主要有四大类：一类是新闻媒体，二是计算机网络传播，三是实物如产品展览、实物赞助和送纪念品等媒介，四是人际传播。通过这些媒介的传播，引起公众的关注，达到传播的目的。经纪人掌握了公关传播技巧，懂得一定的公关交际礼节，将有助于在经纪活动中稳操胜券，取得辉煌成绩。

第四节　农村劳务经纪人的信息获取和传递渠道

一、运用现代通信技术

电话是农村劳务经纪人最为常用的现代通信方式。电话对经纪人就如同手术刀对外科医生一样，是经纪人个性的延伸。作为现代农村经纪人，应能自如地使用电话了解市场的行情和动态，传达自己的思想和行为，发布自己的信息。从电话访谈得到信息是现代经纪人最常用、最经济、最有效的方法。如果你很内向，不喜欢与人交谈，那么你一开始就处于极大的劣势。不过不用泄气，其实打电话时对方看不到你，你完全不用紧张，只需要专注地找问题的答案就行。明白这个道理，可以帮助你克服内向和紧张，逐步树立自信。这里，我们对经纪人进行电话访谈的技巧作一介绍。电话访谈大体分为准备阶段、初步接触、电话访谈和整理结果四个步骤。

（一）准备阶段

高效使用电话的准备工作有两种形式：首先，通过各种方法查询，了解你该给谁打电话；其次，如何通过电话了解客户的背景资料，确定问什么问题。同时还要注意以下几点：

1. 消除怕给陌生人打电话的顾虑

当经纪人开始某项业务时，有时看似能提供信息的人往往毫无用处，还浪费时间。有时，你在无计可施的时候试着拨通的电话，却是一座真正的“金矿”。所以在实际工作中，经纪人应该消除“给陌生人打电话不可行”的观念，应善于通过电话寻找经纪对象。

2. 把握机会

虽然你并不是每次都能与想要咨询的人通话，但与你通话的秘书或者同事往往会帮你找。所以，对方愿意接话就是入门的机会。因为这些人可能对你的询问有帮助。一般来讲，部门级别越高，越可能遇到疑心重重和不肯合作的人。

3. 找电话访谈的对象

找好对象是做好电话访谈的前提。找电话访谈的对象有多种途径，通常从哪儿获得信息，就从哪儿找访谈的对象。你可以运用计算机上网检索，也可以查找相关的书报杂志，还可以向有关单位问询。农村劳务经纪人要根据自己的实际，找自己最容易、最便捷的途径和方法查找信息源。

4. 认真审核信息索引

审核信息索引有时会有意外的收获。输入要查寻的题目，往往你会获得新的发现，并促使你拿起电话进一步探询。解决这类问题的方法很多，经纪人的想象力是解决“谁会知道”这个问题的钥匙，是电话访谈成功的关键。

5. 合理安排

准备阶段的最后一步是确定你要给谁打电话，以及你要问什么问题。当你打第一个电话时，往往一条信息源会引出另外几条信息源。每打一个电话，就要把某人的姓名、地址和电话号码单独列在一张纸上，在同一张纸上列出你要咨询的主要问题。问题之间要留出足够的空隙以记录答案，不要用纸的背面，因为这样容易看漏。

6. 可否录音

使用设备要提前准备，最好使用电话耳机，这样可以腾出手来做记录。如果使用录音机就更方便，你就不会担心是否准确地记录了信息源的答案。这样就可以专注于谈话中互相交换意见，真正倾听对方在说些什么并作出反应，然后提出问题。但要注意的是，从严格意义上说，电话录音有的地方是不合法的，因此最好要征得对方的同意。

（二）初步接触

进入第二步，即打电话阶段时，会出现许多种情况。最好的情况是，只打第一个电话就找到要找的人，而且谈话提供了你需要的所有信息，但这种情况是不多见的。通常你会遇到他们在听完你的要求后会说："这事由谁负责"，或者类似这样的话。假如你知道你打电话咨询人的名字，应该尽量避免给其上级机构打电话时说出该人的名字。同时还要注意以下几点：

1. 如何充分利用询问者

打电话遇到接话人询问时，应尽量简要地说出自己需要了解的问题。这很重要，一定要引起他对你正在找的信息源的兴趣。如果询问者表示有帮忙的意向，就不要轻易放过。因为许多基层工作人员往往对某一问题知道很多，还有可能询问者正是信息的创作者，却不为人所知。如果你只想知道某个人独有的见解和分析，那你还应该进一步同本人联系。

2. 访谈技巧

如果询问者对你需要的某一问题的更多信息表示能够帮忙，你就要抓住机会，提出你需要深入了解的信息。你提出问题后要专心倾听对方的谈话，等到对方无话可说时，再问下一个问题。在对方思考如何回答问题而沉默时，你不要打断对方，以免使对方感到不舒服，也不要急于提问下一个问题，你可以把问题暂时记在一张纸上，等谈话再次中断时再提出来。

无论同你谈话的是询问者还是目标信息源，都不要忘记赞扬对方，夸奖他所做的工作。如果有人推荐你采访有声望的专家，你别忘了向这位专家提及推荐者的名字，永远不要忘记帮你忙的人。

3. 找同盟者

访谈中不是所有的询问者都是掌握信息的金矿，但你不要立即把他们打发掉，一般询问者对你的咨询不会不耐烦地把你打发掉；如果你很有风度，不把询问者当做挡路石，你可能会听到这样的话："某某女士不再负责此事，你要找的人是某某先生，请稍等，我给他打个电话"。这时，这位询问者就成了你的拥护者。你给某某先生打的电话已经得到了询问者的介绍和同意。这要比你直接打电话给某某先生更有可能得到帮助。

4. 在进行电话访谈时，关键是把握机会

在电话访谈中，你会发现最开始的几个电话最难打，这是因为在起步阶段可能没有人"推荐你信息"。但你可以通过查寻信息源写过什么文章，然后说："我刚刚读过某某先生刊登在某刊物上的文章，我想向他咨询几个问题"，从而巧妙地控制住局面，那么，接话人通常马上会为你接通信息源的电话。

5. 等候回电，赢得对方的好感

有可能几个信息源都想和你交流，但偏偏你电话打得不是时候。在这种情况下，你要询问他们时，会有几个人不知在什么时候会给你回电话，长时间的占线，会影响客户的情绪。

所以，在有条件的情况下，可以在两条电话线都装上留言装置，并使用"转线"服务，那么就可以及时接收多方的来电信息。

（三）电话访谈

当你已经通过了询问，电话另一端正是你要咨询的信息源。用什么方法取得访谈成功就十分重要。一般访谈时，开头是问候，接着是切入问题的实质，结尾是礼貌地道别。每一部分都很重要，但最重要的是问候部分。在电话上与人交谈同亲自拜访某人一样，第一印象相当重要。因此要取得访谈成功要注意以下几点：

1. 给人留下美好的第一印象

如何给人留下最好的第一印象，很简单的就是展现出你的个性。首先要树立自信，说话要有礼貌，令人有亲切感。

其次，你需要一直站在被咨询者的立场考虑问题。一般在谈话的前几分钟，信息源会想知道你到底是谁，你想要什么，为什么要它，你会不会问一些我不能解答的问题令我难堪？你会不会用我的名字给我惹来麻烦？谈话要占用我多少时间……

2. 消除信息源的顾虑

由于信息源会对你有诸多疑问，你要为对方着想，尽一切努力使他们消除顾虑，不要占用别人太多时间。你的目的是寻求解决你遇到的难题，不要“我”字当天，永远牢记信息源是在帮你的忙。

消除信息源顾虑的最好方法是自我介绍，如果对方并没有问及，不必主动提供更多的信息，但要诚实，因为信誉对于经纪人来说是最重要的。自我介绍的方式通常由调查内容决定。

3. 保护客户的身份

如果保护客户的身份十分重要，你就不能泄露他的身份。要是信息源一再追问，你就必须结束话题。除非事先得到客户的允许，否则你就不能告诉任何人你在为谁工作。

4. 遭到拒绝怎么办

访谈时，有些信息源会要些手腕，说他们只跟当事人谈，不接待中间人。他们这样说只是为了听听你的反应。一旦信息源拒绝了你，你要巧妙地坚持和对方交谈，彬彬有礼地“纠缠”下去。让他们继续说下去并不会给你带来任何伤害。人们的观点总是在变，他们继续说下去便提供了使他们改变主意的时间。

需要牢记的另一件事是，所有同你谈话的人都是你潜在的客户。信息源经常会对你做的事产生兴趣。这样的话，你可能最终会把你的业务宣传到他们那里。

5. 顺其自然

假设你已经克服了所有的障碍，信息源已经说：“好的，你想知道什么？”你就从准备好的第一个问题开始提问。但当你已经得到了你所需的信息后，信息源却还在兴致勃勃地谈着，此时，你必须记住电话访谈的一条基本原则：永远不要打断信息源的谈话，你可以有自己的安排，有自己想问的问题。但只要信息源愿意，就让他一直说下去，要知道他滔滔不绝地讲，经常就会提到你从没想过或考虑过的某个人或某件事。当出现这种情况时，不要盲目地扯出第二个问题，要认真地倾听信息源到底在说什么，并参与他的谈话，真正地进行交谈，对别人说过的话作出反应，并接着别人的话题说。作为一名熟练的经纪人，应巧妙地把谈话拉回到你想问的问题上。信息源不会发觉你已经列出了一个“必须回答”的问题，相反，他们会感到他们愉快地就自己的专长发表了看法。

6. 结尾

当谈话很自然地接近尾声时，你可以考虑说：“我问的问题都谈到了，还有什么我忘记问了吗?”这会给信息源提供最后一次补充自己忽略的观点的机会。有时，他还指出你应该查询的其他人或相关信息。实际上，如果没有再出现其他人或有用的社会关系，你还可以进一步追问：“您还能告诉我其他这方面的信息源吗?”这样做也不会伤害对方。

在访谈即将结束时，把你最好的一面表现出来。你要感谢信息源的合作，指出谈话令你很愉快。总结信息源曾答应给你寄其他信息的诺言。暗示对方可以把信息传真过去或告诉你邮编、地址，并强调你需要的迫切性，然后说“再见”。

（四）整理结果

最后一步可能也是最重要的一步。你已经挂上了电话，要及时检查、注释和扩充笔记，因为此时是信息源的观点在你的头脑中最清晰的时刻，你要利用这个时间检查笔记，尽量完整地抓住刚才谈话时的有关观点。特别是不允许录音时，及时整理笔记就更重要了。但即便允许录音，这样做也会使你发现没有记录下来的想法。过几天后，当你不得不回头来整理笔记为客户准备报告时，你就会庆幸自己当时这么做了。因此，从长远看，现在吃点苦，总结访谈内容比秋后再算账要容易得多。

最后，你会考虑给信息源写一封感谢信。无论你写什么，都会给人留下好印象。但不要多写，两三行象征性的表示感谢的话就足够了。如果时机合适，还可以随信附上你的信息。

二、运用信息网络

我国信息科学发展很快，各行各业都十分重视信息资源开发利用与实现行业信息化。人们都已经认识到：谁掌握了最新的信息，谁就拿到了通往成功大门的钥匙。网络为经纪人提供了无限广阔的平台，是农村经纪人的必然选择，也是农村经纪人由传统经纪转向现代化经纪的强有力的手段。

首先，计算机网络是开展经纪活动十分便捷、经济的媒介。经纪人最基本的职能是商品交易的中介。在商品供大于求的情况下，一个商品的推介往往要找多个需求者；同样，在商品供小于求的情况下，为满足一个商品需求者往往要找多个该产品的提供者，中介才有成功的可能。因此，经纪人既要广泛了解商品的生产者、提供者，还要了解商品的需求者；既要广泛深入了解商品的性价，还要了解消费者的需求。寻求经纪对象，靠落后的方式方法很难扩大经纪范围，因此，农村经纪人要善于借助于计算机网络，延伸自己的视觉、听觉和感觉，了解更大的世界，也让更多的人了解自己。

其次，依靠计算机网络可以扩大经纪范围。经纪人所有的经纪业务都是源于信息，信息来源越广泛，获得经纪机会的概率也就越大。农村经纪人如果不掌握通过信息网络收集信息的方法，靠道听途说，经纪范围就十分有限，而网络随时都可以了解各地的市场信息，随时随地都可以与五湖四海的客户取得联系，可以及时了解顾客对经纪服务的要求，并且了解自己的服务是否满足了顾客的要求，快速对顾客的要求作出反应。通过网络对话，一方面可以直接寻找经纪对象，另一方面通过顾客帮忙，寻求经纪机会。

最后，先知先觉，占领先机。市场千变万化，并且存在时间差和地域差，市场变化和差异给经纪人提供了经纪机会。谁先占有这些信息，谁就取得经纪的主动权。先知先觉，抓住机遇，占领先机，及时果断行纪，是取得成功的关键。而计算机网络包容的信息量较大，针对性较强，发布信息便捷，是经纪人行纪的有力支持。在信息社会里，不会运用计算机网络，经纪人是难以适应现代经纪的需要的。

三、电子商务的应用

所谓电子商务，就是将现代信息技术带入服务领域、商品流通领域、产品生产领域，使服务、商品流通、产品生产等发生理念上的变化，从而使这一技术发展到了相互配合、相辅相成的整体应用，使商务领域的电子化得以实施和扩展，这就是电子商务，在国际贸易中用 EC 表示。

（一）电子商务的作用

1. 电子商务可使农村经纪人增加客户，扩大经纪业务。农村经纪人通过设立网站，可以扩大视野，快捷招引远近客户，增加经纪对象和经纪机会，扩大自己的经纪范围。通过电子商务交易，可以使企业、农户和经纪人突破原有的贸易方式和范围，不断扩大自己顾客的领域，实现身不离家就可以无边界地开展经纪活动，广泛寻找自己的交易对象，并能够通过电子商务贸易，树立自己的形象，赢得顾客的信赖，有利于经纪业自身的发展。

2. 电子商务可使商品交易成本降低，提高效率。经纪人要谋求发展，必须千方百计地降低经纪成本。这样经纪人就可以给客户更多的让利，从而吸引更多的客户。同时，方便快捷的电子工具替代落后的通信联络方式，还大大提高了经纪效率。

3. 电子商务有助于提升经纪能力和水平。随着电子商务的发展，特别是互联网、综合业务数字网络、多媒体通信技术的广泛应用，经纪人通过创建自己应用的网络工具，收集信息资源，建立动态数据库，以便对市场动态、竞争对手等进行科学分析，使每个人工作的能力和水平大幅度提高，从而给经纪策划提供强有力的支持。

电子商务对经纪人来说固然能带来美好的前景。但也存在资金不足，技术水平不高，缺乏必要的技术支持，缺乏人力资源，技术力量不足，有关电子商务交易的法规和标准还不完善等问题。特别是没有一套较为完善和合理的交易标准以及法规的约束，使电子商务的安全性和保证性受到影响。

(二) 电子行纪的步骤

1. 经纪人上网宣传

农村经纪人要想真正实现电子经纪，上网是必要前提。它必须借助于互联网的广泛性，使经纪人的信息能及时准确地传播到互联网的各个角落，从而最大限度宣传自己。经纪人可以在 ISP 或网址搜索工具中留下链接网址，以帮助经纪对象进入。只有让经纪对象真正知道了经纪人的网址，才能为经纪人与顾客间的网上信息传递打开大门。与此同时，经纪人还应不断更新自己网站的信息内容，增添新的信息，并采取独特的设计方式，尽量吸引客户的注意，保持消费者经常访问。只有不断及时提供经纪新信息，才不会被网友遗忘。

2. 网上收集市场信息

经纪人只有通过收集大量的市场信息，剖析市场行情的变化，发现供需双方需求动向，才能使经纪活动有的放矢，保证行纪正常运行。经纪人通常采取以下两个方式收集信息：一种是借助于专业网络的网站，把自己的调查内容放入其中，就可以在这些网站上获取信息，从而扩展调查范围，有助于从不同的上网者那里获取信息。另一种方式是在自己的网站上进行市场信息的收集，这样便有利于经纪人直接与访问者交流，增进与顾客的联系。但不论经纪人用什么方式，都是为了更好地获取市场信息，保证经纪工作的顺利进行。

3. 网上行纪

网上行纪是一种高效率、低成本的经纪方式，既让求职者感受到了求职的快捷与方便，也让用人单位减少了人力资源成本，扩大了应聘者的范围。因此，经纪人应该注重与供求双方的网上联系，及时获取有关供求过程及最终行纪的信息，以提高经纪人的经纪水平。

总之，电子行纪是农村经纪人构建电子商务过程中必不可少的环节之一。但是在目前的状况下，要通过传统和现代媒体相结合的方法，保持多层次的促销手段，并注重促进信息内容的专业有效性和专业组合性，从而使营销效果最佳。

第五节　农村劳务经纪人的素质修养

一、智商：服务设计和品质的保证

智商（IQ）就是智力商数。智力通常叫智慧，也叫智能，是人们认识客观事物并运用知识解决实际问题的能力。智力包括多个方面，如观察力、记忆力、想象力、分析判断能力、思维能力、应变能力等。智力的高低通常用智力商数表示，用以标示智力发展水平。

要想成为一个合格的农村劳务经纪人，具有较高的智商是必不可少的。他们长期活跃在广大农村经济领域，把农村劳动力有效组织起来，与市场对接，使农村富余劳动力能顺利找到出路，从而使服务项目的设计和服务品质得到保证。因此，农村经纪人应当意识到智商的重要性，通过不断学习提高自己的智力水平。

二、情商：良好人际关系

情商（EQ）又称情绪能力，是近年来心理学家提出的与智商相对应的概念，主要是指人在情绪、情感、意志、耐受挫折等方面的品质。总的来讲，人与人之间的情商并无明显的先天差别，更多与后天的培养息息相关。情商包括以下几个方面的内容：一是认识自身的情绪。因为只有认识自己，才能成为自己生活的主宰。二是能妥善管理自己的情绪，即能调控自己。三是自我激励，能够使人走出生命中的低潮，重新出发。四是认知他人的情绪。这是与他人正常交往、实现顺利沟通的基础。五是人际关系的管理，即领导和管理能力。

人际交往中不只是蕴涵着大量的成功机会，更重要的是扩充和丰盈我们的人生。不管是自己的生活伴侣、工作同事还是街角的老板，每一个人都平均认识500个人。这些关系完全能好好利用起来并运用技巧把它们联结整合起来。假如你确实善于经营自己的人际网络，一定能获得“蜘蛛人”那样的非凡力量，你的人生也将从此变得更丰盈完满。

从某种意义上来说，人际关系就是生产力。人是不可能独立生存的，生存得好的人总是能够通过各种途径获取各种资源。《水煮三国》讲到一个小孩在玩沙子，修建一条沙滩上的道路，结果遇到一个大石头，拼尽力气也不能搬动，路过的年轻人看着小孩，小孩很委屈地说："我已经尽全力了！"而年轻人说："你没有，因为你没有请求我帮助。"于是，年轻人弯腰搬动大石头，帮助小孩完成了不可能完成的任务！这个故事告诉我们：善用人际关系和自我奋斗同等重要。

一个具有高情商的农村经纪人，能够真正做到"想客户所想、急客户所急"，始终把农民工的利益放在首位，把为农民工谋福利作为他们工作的宗旨，与农民工形成良好的互动关系和双赢格局。

三、德商：严格的执业操守

德商（MQ）：指一个人的道德人格品质。德商的内容包括体贴、尊重、容忍、宽容、诚实、负责、平和、忠心、礼貌、幽默等各种美德。它决定我们如何将人类普遍适用的一些原则（正直、责任感、同情心和宽恕）运用到我们个人的价值观、目标和行动中去。

德商的提出，实际上是源于莱尼克在20世纪90年代帮助美国运通集团等大型企业经理人和员工发展情商的过程中的一些发现和思考。虽然情商可以使人具有高度的自制力和人际交往能力，但它在大多数情况下是价值中立的，不能帮助人区分“对”与“错”，让人避免做错事。安然公司及随后大量的财务丑闻更充分说明，高情商并不能使企业避免安然、安达信那样的错误。而这样的错误一旦发生，就可能对企业产生致命性的打击。

在现代市场经济体制下，农村经纪人必须具备严格的职业操守，遵守行业法律法规，从同情、正直、节制、尊重、和善、宽容、公正等方面入手，切实提高自己的德商，在工作中完成为农民工创条件、谋福利的重任。

四、灵商：高度的职业悟性

灵商（SQ）：就是对事物本质的灵感、顿悟能力和直觉思维能力。成功人生没有定式，单靠成文的理论是解决不了实际问题的，还得需要悟性，需要灵商的闪现。修炼灵商，关键在于不断学习、观察、思考，要敢于大胆的假设，敢于突破传统思维。

作为长期工作在农村第一线的劳务经纪人，灵商是极其重要的。经纪活动要求他们能够把握从事的工作的本质，并能够在工作实践中不断学习、观察、思考，敢于打破常规，进行大胆假设。例如，农村经纪人不但应该做到把农民工输送出去，找到一份好的工作，还应该想到能够把农民工“请”回来，让其在自己的家乡创业，建设自己美好的家园。

五、志商：执业的意志力

志商（WQ）的概念是北京师范大学心理学教授许燕提出的，其含义就是确定人生志向和目标的能力。如果没有极强的远大目标作为支撑，你不可能得到全面的发展。

农村经纪人同样必须树立一个远大的目标，只有这样，才能不断提高自己执业的意志力，进而使自己得到全面的发展。

六、胆商：执业的胆识

胆商（DQ）：是一个人胆量、胆识、胆略的度量，体现了一种冒险精神。胆商高的人能够把握机会。凡是成功的商人、政客，都具有非凡的胆略和魄力。

农村经纪人面对市场竞争，不仅要较量实力，而且要比试胆商。面对同样的市场，有的凯歌高奏，有的却铩羽而归。两军相逢勇者胜。有些失败，往往是由于自己顾虑重重，缩手缩脚，当断不断，结果坐失良机，功败垂成。这归根到底是因为缺少胆商。因此，要想成为一个优秀的农村经纪人，具有较高的胆商是必不可少的。

七、健商：事业的永续发展

所谓健商（HQ），它代表着一个人的健康智慧及其对健康的态度，像智商（IQ）、情商（EQ）一样，健商（HQ）是一个人的特征之一。但是与构成智商的特点不同的是，健商不是先天决定的，教育、认识、毅力和情商都可以提高一个人的健商。

智商是天生的，是不容易改变的。情商主要也是天生的，但可以在生活的磨炼中有所改善和提高。有的人天生就很开朗、乐观、宽容；有的人天生就比较内向、悲观、情绪化。这就是情商天生就有高低的具体表现。一个人在经历了挫折或磨难后，会变得宽容、平和，周围的人会说，他成熟了，从某种意义上说就是情商提高了。

只有健商不是天生的，是完全靠自己学习的。你的健康完全掌握在自己手里，健商与一个人所受教育、知识水平、个人品格有密切关系。一个人要想成功，智商当然很重要，但起决定作用的则是情商。然而，一个人即使智商、情商都很高，使其获得了成功，却由于健康的问题，难以享受成功的快乐，也是令人惋惜的。健康的身体，犹如生命旅途中的发动机，只有发动机运转正常，才能使事业的列车快速奔驰。当你不断提高健商时，你就能活得更快乐、更健康、更长寿，你的生活质量就会有很大的提高。因此，健康的身体是一切的基础，掌握健商这一法宝，将会助你走向成功的彼岸。

八、财商：经济社会的重要能力

所谓财商，是指理财能力，特别是投资收益能力。财商是一个人认识金钱和驾驭金钱的能力，是一个人在财务方面的智力，是理财的智慧。它包括两方面的能力：一是正确认识金钱及金钱规律的能力；二是正确应用金钱及金钱规律的能力。

财商是一个人最需要的能力，也是容易被人们忽略的能力。财商不是孤立的，而是与人的其他智慧和能力密切相关的。

财商是与智商、情商并列的现代社会三大不可或缺的素质。可以这样理解，智商反映人作为一般生物的生存能力；情商反映人作为社会生物的生存能力；而财商则是人作为经济人在经济社会中的生存能力。

九、心商与逆商：将障碍变成机会

心商（MQ）就是维持心理健康、缓解心理压力、保持良好心理状况和活力的能力。心商的高低，直接决定了人生过程的苦乐，主宰人生命运的成功。联合国世界卫生组织规定心理健康是心理和社会适应能力等方面的健全与最佳状态，包含和谐的人际关系、正确的自我评价和情绪体验以及热爱生活、正视现实、人格完整等。

影响心商的因素包括思维、心态、性格等方面，对心商的培养都起着至关重要的作用。它包含心理健康、心理压力调适。

除了智商、情商外，近年来又流行一个新概念：逆境商数（逆商）。逆商是指人们面对逆境时的反应方式，即面对挫折、摆脱困境和超越困难的能力。

经纪活动由于缺乏政策性扶持，资金紧缺使工作难以运转，营销环境不够宽松以及信息来源渠道单一，地区发展不平衡等各方面的问题，农村经纪人在开展经纪活动中面临着各方面的困难与压力。在这样的环境下，维护心理健康、调试心理压力、保持良好心理状态，才能克服各种不利因素，更好地开展农村经纪工作。因此，逆商概念的提出具有非常重要的现实意义和历史意义。

心理学家认为，一个人事业成功必须具备高智商、高情商和高挫折商这三个因素。在智商和情商都跟别人相差不大的情况下，挫折商对一个人的事业成功起着决定性的作用。

在挫折商的测验中，一般考察以下四个关键因素——控制、归属、延伸和忍耐。控制指自己对逆境有多大的控制能力；归属是指逆境发生的原因以及愿意承担责任、改善后果的情况；延伸是对问题影响工作生活其他方面的评估；忍耐是指认识到问题的持久性以及它对个人的影响会持续多久。

世界是多维度的，看事物的角度也是不同的，换个角度看，失败是换个方式的成功。

只有在逆境中人们才能更好思考。只有在逆境中，在遭受失败和挫折后，才能真正发现自己的不足。这些思考和经验都能为前进打下坚实的基础。古往今来，经过失败、努力，再失败、再努力，不断在逆境中总结经验教训，最后成功的例子比比皆是。

例如为了发明电灯，爱迪生曾经失败了17 000次，终于获得了成功。正是他把每一次失败都当成一次学习的机会，才使我们拥有了今天的光明。

逆境是一座警钟，它警告人们，之所以遭遇逆境，肯定是在某方面出了问题，或者观念不对、态度不对、立场不对、方法不对、计划不对；或者客观条件不成熟，或者主观与客观不一致，主观愿望违背了客观规律等。逆境有人为原因，也有自然因素，所以面对逆境时，不能怨天尤人、消极等待，而是要积极反思、客观地寻找病症。

懂得了这些道理，逆境才能发挥其积极的功能，才能进一步激起人们的斗志和求胜的欲望。具有这种心态的人，逆境犹如兴奋剂，更加激励着人们焕发热情和潜能，向着希望的顶点不懈地攀登。

经典案例

打造赴疆摘棉劳务龙头企业

——重庆汇能劳务有限公司

自2006年以来，重庆市把组织农民赴疆摘棉作为增加农民收入，解决农村“4050”人员的转移就业，加大季节性外出务工力度，探索农村劳动力转移输出新路子、新机制，促进劳务经济大发展的又一重要抓手。到2009年，已累计向新疆输出摘棉农民工32万人，农民摘棉总收入达10亿元以上，建立了新疆摘棉劳务基地，打造了新疆摘棉劳务品牌。在组织农民赴疆摘棉工作中，坚持了“政府推动、市场运作、经纪人带领，农民自愿”的原则，培育和壮大了劳务经纪人队伍，重庆汇能劳务有限公司就是其中的典型。

重庆汇能劳务有限公司自2007年成立以来，一直开展新疆摘棉劳务工作，累计向新疆输送拾花农民工8 000人，农民拾花总收入2 200万元，为永川劳务经济的发展作出了积极的贡献。汇能劳务有限公司已成为主抓新疆摘棉劳务的龙头企业。

（一）抓好基地化建设　建立长期劳务合作关系

为了把准新疆拾花劳务市场行情和建立劳务合作关

系，每年汇能公司都要在政府劳务部门的指导下，专程组织有经验的经纪人到新疆兵团植棉师、团场、连队和南北疆种棉地区、县市考察，对棉花的生长情况、播种面积、地块分布、用工量、价格、生活条件等进行实地了解，并和用人单位沟通、交流，然后确定合作单位，签订劳务合作协议，建立稳固用工基地。

（二）全方位宣传发动　加强经纪人培育和管理

利用各种方式积极动员和组织符合条件的农民工。采用报纸、广播、电视等媒体和制作宣传单、下乡赶场设点以及经纪人走村入户宣传，摘棉能手现身说法等方式引导民工自愿加入摘棉大军。

抓好经纪人培育和管理。严格条件，选择能人，把经公司培训并取得经纪人资格、有三年以上拾花或两年以上带队管理经验、有较强的组织管理能力、热心此项工作并有较强责任心的能人发展为公司经纪人。公司每年 7 月对经纪人开展 3~5 天的集中培训。

公司和 40 多名经纪人签订《赴疆摘棉合作管理协议》，以合约为手段、利益为链条，把经纪人和公司紧密联系在一块，调动经纪人在农民工往返护送、生产生活方面管理的积极性。同时与农民工签订务工协议书以保障双方利益。

公司对经纪人组织管理程序图表如下：

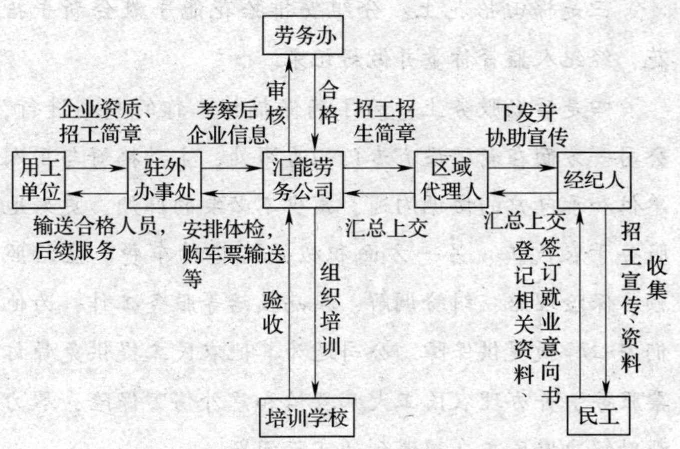

（三）人性化管理服务　调动农民工拾花积极性

公司注重抓好人性化管理服务，重点抓以下方面。

一是安全防范上：要防止伤（摩托车、马拉车、拖拉机等交通伤害）、病（老毛病、突发病）、亡（交通事故、突然发病）、失（人走失，特别路途中上下车，回家途中的钱物损失）等事件发生。首先，把好人员关，选用年龄16~55岁，身体健康者（可通过目测、走访，严控老毛病或者身体不适者）；其次，抓好路途管理关。采取备足常用药品应对突发病，每个农民工佩戴工作卡，每10人设两名带队人员，上下车清点人数，专人巡视以防小偷等措施。

二是民工生活上：农民工以集体伙食为主，高薪聘请专业厨师做川味饭菜，通过10人一组循环点菜并派农民工代表购菜，做到农民工伙食自我管理为主。

三是棉田拾花上：分组安排拾花能手教会新手拾花，经纪人监督称量并做好记录。

四是后勤服务上：为了确保摘棉工作的顺利进行，公司一方面在新疆设有专门的办事处，主动搞好与用人单位和承包户的协调沟通，减少不必要的麻烦，更好地服务于农民工。另一方面积极做好垫付车费、生活照顾、保险理赔、纠纷调解、疾病救治等服务工作，为他们安心挣钱提供保障。公司还为其他农民工提供免费订票服务，并办理农民工大病救治和意外伤害保险，尽力帮助解决农民工在疆遇到的实际问题。

（四）两个保障为重点　推动摘棉劳务健康发展

收入保障是核心。公司通过考察选择拾花期长及产量高，同时早、中、晚熟品种搭配好的连队合作，确保农民工有花拾，增加拾花总量。同时，指定经纪人监督过秤，确保拾花数量准确。公司首先要确保农民工有收入，其次是经纪人有收入，最后才是公司有收入。

诚信保障是基础。通过公司化运作，组织高素质的农民工队伍，优先确保新疆团场用工数量及质量，签订长期用工合同，建立长期稳固合作关系，尽量减少用工成本。公司与农民工及经纪人以合约方式和提供优质服务建立互信关系。

未来，汇能劳务有限公司将在政府的大力扶持和政策推动下，练好内功，不断提高市场化经营管理能力，为农民赴疆摘棉增收，加快劳务经济发展，大力发挥新

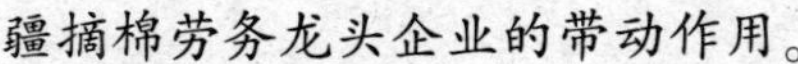
疆摘棉劳务龙头企业的带动作用。

点评：

新疆拾花劳务，是重庆市近年来倾力打造的知名优质劳务品牌，新疆劳务基地已经成为了重庆市农村劳动力转移外输基地，成为长期劳务合作关系最为稳固、一次性规模化集团式输出人数最多、后续管理服务开展最好的基地，完成了从打工到增收、从短工到长工、从务工到创业、从政府主导到市场化运作的四大步转型。在转型过程中，一大批从事新疆劳务的企业和劳务经纪人队伍，发挥了市场主体作用，推进了新疆劳务的健康持续发展。如今，正在成为新疆摘棉劳务龙头企业的重庆汇能劳务有限公司，自成立以来，坚持以农民增收为核心，以新疆摘棉劳务为重点，以培育劳务经纪人为抓手，以优质的管理服务为保障，逐步走上了运作市场化、用工基地化、输出规模化、管理有序化、服务人性化、综合效益最大化的良性发展道路。

第三章 农村劳务市场分析

第一节 农村劳务向跨地区劳务市场输送劳务和交易

一、劳动力跨地区流动的概念

劳动力跨地区流动就是劳动力从本地区向其他地区转移并且寻找和从事工作的一种劳动力转移方式。本节主要研究我国中西部劳务市场劳动力供给和东南沿海劳务市场劳动力的需求特征。

20 世纪 80 年代以前，湖北、湖南、河南、河北、四川、重庆等地资源丰富，劳动力众多，经济较为发达；而东南沿海除上海、浙江之外，广东、广西、江苏、福建、海南等地资源贫乏，人口较少，加上国家“防海防边防苏”等国策的影响，经济发展滞后。那时国家限制劳动力自由流动，全国精干人才迁往内陆，存在典型的人才“内陆飞”现象。

但是自从1978年改革开放以来，劳动密集型产业逐渐聚集在中国沿海沿边地区。沿海沿边地区经济迅速发展，工业门类日益齐全，资本、知识、劳动力供不应求，劳动力价格普遍高于中西部省区，大规模劳动力流动拉开序幕，无论是农民工、城镇居民还是高级技工、专家教授都普遍选择“东南飞”。

二、跨地区劳务市场的特征

(一) 中西部地区劳务市场的特征

1. 供给特征

(1) 劳动力素质不高。经济社会的发展历程证明，受教育程度与个人综合素质具有明显的正相关关系。受教育程度越高，知识结构更加合理，业务技能更加熟练，潜力更加可观，把握机会的能力更强，找到工作的概率越大，获得的薪酬更高。中西部地区劳动力素质不高，可从其受教育程度窥见一斑。

(2) 劳动力供给集中在低层次水平。无论是中西部本地的经济发展需要，还是劳动力的外流，因为劳动力素质不高，所以中西部地区劳动力就业集中在建筑、采掘、商贸、餐饮、家庭服务等靠力气吃饭的行业。

（3）农村富余劳动力以跨省外流为主，扎堆东南沿海。中西部地区因为经济较落后，能够提供的就业岗位较少，实际需要劳动力数量较少；而城市居民因为政策的保护以及相对更高的素质，在劳动力市场中占据优势地位，而且城镇居民与农民相比，对于职业的流动没有十分强烈的要求。所以，中西部地区城镇居民跨出本县以上就业的比例较小，而农民却纷纷跨出本县就业，有 6 成甚至是跨省就业，劳务经济已经成为许多县市的支柱产业。

2. 需求特征

（1）劳动力需求处于低级别，第一产业比重过大。中西部地区劳动力就业主要产业是第一产业，其次是第二产业，然后是第三产业。即使这几年中西部地区经济明显好转，但与东南沿海相比，这种就业结构仍然有明显差距。

（2）高级人才缺口相当大。随着西部大开发战略的深入实施，西部地区对外资的吸引力逐渐增大，东部发达地区的一部分产业也逐渐西进，转移到劳动力成本相对较低的西部地区，与此相伴随的是对人才需求的增长。中西部各省纷纷将生物、信息技术等高科技产业作为自己未来发展的重点，但西部地区本身在类似产业的人才储备较少，对此类高级人才的需求缺口相当大。

从最近几年中西部经济和产业发展的趋势可以看出，中西部地区目前急缺以下各类人才：基础设施建设的人才，包括交通建筑设计、电力水利建设、基础设施管理、电信专业人才；农牧业经济方面的人才，包括农牧业技术人才、信息中介人才、产业化经营管理人才；工业化方面的人才，集中在能源矿业开发、化工、生物、医药、信息、电子电器等专业；服务业方面的人才，尤其是旅游服务的人才；教育事业方面的人才，尤其急需大量基础教育人才，以改变中西部地区教育长期落后的状态。

（3）对技术人才需求大。改革开放之前，中西部地区、东北地区聚集了国民经济绝大多数的工业门类，所以技术人才储备丰富。但改革开放之后，东南沿海对技术人才的需求强劲，劳动力价格高，中西部、东北地区技术人才纷纷外流，兼之最近 10 年全国对技术人才的重视不够，技术人才培养数量较少。目前，除初级专业技术职务外，中西部城市其他各技术技能等级的需求人数都高于东南沿海城市，表现出对技术人才的强劲需求。

（4）政府加入人才争夺大战。从 2000 年以来，中西部地区政府纷纷出台措施，引进和吸收东部地区人才、资金等进入中西部地区。尤其是高精尖人才，各个省市更是使出浑身解数，着力争抢。

（二）东南沿海地区劳务市场的特征

1. 供给特征

（1）劳动力来源丰富。改革开放30多年来，全国各种层次的劳动力“东南飞”。可以说全国精壮劳动力为东南沿海地区的经济发展作出了突出的贡献。以农民工为例，在东部地区务工的农民工中有50.8%来自中部、西部地区。

（2）劳动力供给的年龄结构相对比较年轻，受教育程度有较大提高。国务院发展研究中心2006年对全国13个省的1 600多个行政村进行的问卷调查表明，30岁以下的农村青年劳动力60%以上都外出打工。而74%的行政村认为，本村能外出打工的青壮年劳动力都已经出去了，几乎已经没有青年劳动力可以再继续向外转移。可见，目前中国农民工的年龄结构相对比较年轻。

随着我国基础教育制度的普及和完善，我国农村劳动力素质不断提高。据统计，目前我国4.8亿农村劳动力中，初中及以上文化程度占62.7%，受教育程度有较大提高。

（3）技术人才丰富。近几年来由于义务教育的全面普及，农民的文化素质有了实质性的提高，同时，2005年以来全国每年技术培训农民超过1亿人次，使得农民掌握的技术水平有了极大的提高。我国农民受教育情况的明显改善，使技术人才的来源较为丰富。

（4）政府出台优惠措施，鼓励中西部地区农村劳动力流入。以前，东南沿海发达地区担忧农村劳动力的过量流入对本地区的劳动力就业市场形成冲击，影响本地居民的就业，曾出台一些限制性政策法规和措施。近年来，东南沿海地区日益认识到外来劳动力对经济的促进作用，纷纷放弃以前的限制性、歧视性规定，取消《暂住证》《务工证》《暂行规定》等，提高最低工资标准，改称农民工为“产业工人”，加大讨薪力度以及保障农民工权益的力度。

2. 需求特征

（1）需求持续旺盛。由于广东等沿海地区对外贸易和制造业飞速发展，对劳动力需求巨大，在2004年一度出现了“民工荒”的现象，从此以后，大量劳动力开始从内陆地区向沿海地区转移。虽然2008年底的金融危机严重影响了沿海地区的制造业和对外贸易，但是经济回暖势必导致更大的劳动力需求缺口。

（2）制造、餐饮、商贸、社会服务等行业劳动力需求增幅明显。从行业需求看，2008年各行业对劳动力的需求依然集中在批发零售贸易餐饮业、制造业和社会服务业三大行业，其用人需求分别为30.53%、22.61%和18.21%，三者合计约占总需求的71.35%。与2007年同期相比，除制造业、社会服务业增长了3个百分点以上，其他行业下降9个百分点外，其余各行业的变化幅度均较小。

（3）对求职者的技术水平要求高。经济的发展带动了制造业和电子信息业的发展，东部沿海地区的劳动力从单一的密集型劳动产业向资源密集型产业转移，而这些岗位对劳动力的素质要求一般较高。由于职业技术培训发展存在一定的滞后造成东部地区的技术性人才出现短缺，东部沿海地区以高工资、高福利待遇吸引了中西部地区大量的技术性人才转移。

（4）外资企业对人才的需求旺盛。东部的长三角、珠三角和环渤海地区以及其他沿海开放开发城市一直是我国经济发展的领头羊。由于这些地区长期以来积累的较完备的基础设施、充足的商业氛围、良好的投资环境，成为外商投资的首选地。但外商在这些地区的投资更多地集中在科技含量高、科技人才要求高的行业和服务部门，如电子电器制造，专用设备制造、通用设备制造、软件以及计算机服务等高科技产业。还有更多的外商在东部设立总部和研发中心，以使产品的研发靠近生产地和最终需求市场。

外商进入中国市场最直接面对的问题就是本土人才缺乏，所以外资企业与内资企业对人才的争夺将在更大范围内展开。

二、农村劳动力跨地区流动的注意事项

面对跨地区农村劳务市场，农村劳务经纪人应当了解农民外出务工跨地区流动注意事项，为外出务工人员提供针对性的服务，提高服务品质。农民外出务工跨地区流动应注意事项有：

1. 为提高务工的效率和效益，农民外出务工需要合法的职介机构与务工单位取得联系后有组织地外出打工，防止盲目外出务工。

2. 外出务工人员，在外出时应携带身份证、计划生育证及用人单位要求提供的其他证明。身份证由户口所在地公安局办理，计划生育证由户口所在地的街道办事处或乡镇计生办办理。

3. 外出务工人员通过职业介绍机构求职的，要注意查询职介机构有无当地劳动保障部门核发的职业介绍许可证、用人单位是否有当地工商部门核发的营业执照，查看招工简章（包括招工条件、待遇等）。

4. 被用人单位录用后，务工人员应及时与用人单位签订书面劳动合同，明确自己的权利义务，切实维护自己的合法权益。签订书面合同时，必须写清合同期限、工作内容、劳动保障和劳动条件、工资报酬的标准、给付方式和期限、劳动纪律、合同终止的条件和违约责任等内容，以便发生纠纷纷后利于保护自己的合法权益。

外出务工者维权注意事项有以下几点：

1. 当合法权利或者正当利益得不到保障时，应当及时通过正当合法的途径予以解决，切毋用堵塞交通、绑架人质、限制他人人身自由、哄抢、非法扣押他人财产等危害公共安全和侵犯他人人身、财产权益的违法行为讨债。

2. 与用人单位发生劳动争议，农民工可通过自行协商、申请调解、劳动争议仲裁等途径解决。

3. 用人单位或雇主拖欠工资时，应当索取欠条，欠条应当写明欠款数额、付款期限及方式、用人单位名称或雇主真实姓名、欠款时间等相关内容。对拖欠劳动工资无争议的，可直接向当地劳动监察部门举报，请求解决。建筑企业农民工就企业拖欠劳动工资可直接向当地建设部门举报，请求解决。

4. 在务工期间因工负伤或鉴定为职业病的，应在事故伤害发生之日或者被诊断、鉴定为职业病之日起30天内，向劳动保障部门提出工伤或职业病认定申请。劳动者被认定为工伤的应享受工伤保险待遇，由此发生争议的，向劳动争议仲裁部门申请仲裁。对仲裁裁决不服的，自接到仲裁决定之日起15日内可向人民法院起诉。

第二节　通过网上劳务市场输送劳务信息和交易

一、网上劳务市场的优点

(一) 信息沟通及时

网络环境下，劳务市场经纪人可以通过电子布告栏、在线讨论区、电子函件、Blog 等方式，以极低的成本在中介的全过程中对客户进行及时的信息搜索和跟踪，同时客户也可以通过上述途径反馈他们的意见。通过这种双向互动的沟通方式，既提高了客户参与的积极性、自主性，又提高了劳务经纪人实施沟通策略的针对性。

(二) 提倡人性化和个性化

互联网是一种功能强大的营销工具，同时兼具渠道、促销、电子交易、顾客互动服务以及市场信息分析等多种功能。网上劳务市场经纪人完全以客户为导向，客户将拥有比过去更大的选择自由，可以根据自己的需求在人才市场网站搜索合适的用人单位或劳务人员而不受地域限制。

(三) 简捷、高效

现代社会生活节奏越来越快，人们求职都希望能先获得信息，能与对方沟通，能先签订协议。这一系列过程在现实生活中可能会周转多次，耗费一定支出。但在网络环境下，可以将搜集信息、发送简历、预约面试、远程考核、签订协议一气呵成。即使不能在同一时间完成，人才市场网站会自动将务工人员和用人单位已经进行的过程和达成的一致协议保留下来，从而为后续工作留下依据，节约时间。

（四）摆脱了时间和空间的限制

网络环境完全超出了时空的限制。有了人才市场网站之后，用人单位和务工人员可以享受全天候的自助服务，无论你在什么地方，只要能上网，都可以获得自助服务。同样，劳务经纪人也可以全天候地与客户沟通，即使客户不在线，也可以通过QQ、短信等在线留言工具将意图传达给客户。劳务经纪人还可以实现远程同客户的沟通、谈判、签约。

（五）节约成本

网络环境下，务工人员可以大大降低差旅费，简历打印、复印、投递的时间和花销等开支；同样的，用人单位也可以减少差旅费、租房费等开支。提高了求职招聘的针对性和效率，减少了资源浪费。

另外，网络环境下，劳务经纪人要出什么公告、通知以及活动安排等，可以通过网站的弹出页、公告栏或邮件传递给客户，减少了电话费、纸张及复印费、差旅费、人工费等开支。

二、网上劳务市场应注意的问题

近些年来，不法分子利用网络犯罪的比例在上升，犯罪分子利用网上虚假招工信息等方式侵犯农民工的犯罪行为也越来越多。由于农民工较少接触网络，容易受到各种各样网上信息的干扰，对网上信息的真假难以分辨，容易受到不法分子的欺骗。因此，农村劳务经纪人应向外出务工人员积极宣传，增强其防范意识，避免上当受骗。外出务工人员在辨别网上信息真伪的时候一定要提高警惕，做到“四个留心”。

1. 要留心没有刊登企业名称的招聘信息

没有刊登企业名称的单位很可能是没有经过合法登记的公司，或者是某些以招聘为名行骗的不法中介和公司，在业内声名狼藉，不敢真面目示人。

2. 要留心网上长期刊登的招聘信息

有些招聘信息长期出现在网络上，一般也都不是在正规的招聘网站上，而且待遇优厚，这种招聘信息的真实性就值得怀疑了。

3. 要留心招聘单位是否只留下 E-mail 或者邮政信箱

个别非法中介为了获取求职者的个人信息，在没有岗位的情况下，通过发布虚假招聘信息等手段获得大量求职者的个人信息，有时还可能把求职者的个人信息出卖给一些公司，从中获利。

4. 要留心招聘单位招聘量是否过大

有的招聘信息给人的感觉就是新成立的企业，从部门经理、秘书、财务到操作工人、保安等岗位统统需要招人。当然不排除新办企业的确有这种招聘需要，但是有很多是非法中介的虚假信息，需要广大求职者擦亮眼睛甄别。

做到了以上四点，对农民工在辨别网上招聘信息真伪时有很大帮助。

第三节　通过国际劳务市场输送劳务和交易

一、国际劳务市场概念

所谓国际劳务市场，是指劳动力付出劳动服务换取报酬的场所不再局限于国内。国际劳务市场中交易的双方，提供劳务的一方是劳务输出国，需求并接受劳务的一方为劳务输入国。

二、国际劳务市场的新特点

（一）劳务人员流向日趋多元化

目前占主导地位的劳务流向仍然是南北流向，

即从发展中国家和地区流向发达国家和地区。美国、欧洲的发达国家、日本等发达国家经济规模巨大，对劳务的需求本来就大，加上近年来，这些发达国家人口自然增长缓慢、老龄化严重，使得劳动力供不应求的状况日益严重，因此，迫切需要输入足够数量的劳动力。另外，发达国家劳动力成本不断提高使得一些产业为维护企业的竞争力，不得不考虑雇用外籍劳工。

除原来的南北流向为主外，近年来劳务人员的流向也出现了多元化的倾向。还出现了南南流向(发展中国家劳务合作加强)、北南流向（由于某些发展中国家和地区经济的飞速发展以及跨国公司的扩展，某些发展中国家和地区对高智能型劳务的吸引力增强）等新趋势。劳务流向的多元化有利于人才在更大的范围内实现优势互补，实现生产要素的优化配置，从而促进生产力的发展，但同时也加剧了国际劳务市场的竞争。

（二）劳动保护主义盛行，竞争日趋激烈

为了保护本国就业，世界各国普遍采取了劳动保护主义政策。另外，由于劳务输出投资少、风险小、见效快，越来越多的发展中国家把对外劳务输出视为扩大就业和赚取外汇的重要手段，竞相发展劳务输出，致使国际劳务市场的竞争日趋激烈，已由昔日的卖方市场变成今日的买方市场。目前世界劳务市场上盛行的地区保护主义和国家保护主义主要表现为：

1. 地区性经济组织的排他限制

为促进贸易自由化，目前世界上成立了一些地区性的经济组织，在这些经济组织内部，对劳务流动的限制要远远小于组织外部，这就在客观上形成了对外部劳务的排他性。

2. 国家劳动保护主义的限制

为了保证本国劳动力就业，或从国家的安全利益出发，世界上多数国家对外籍劳务，特别是普通劳务都不同程度地采取了种种限制措施，这些限制措施可以归纳为三大类：

第一类主要的限制是移民问题，特别是与签证有关的壁垒。在这类限制中，一个普遍的问题就是劳务提供人员的暂时性流动要受入境法规和就业市场政策的约束，而不是国际贸易法规。

第二类主要的限制是对外国劳务提供人员的歧视性待遇。东道国通常把住所和国籍作为资格认证的条件，这使外国劳务提供人员直接处于劣势。此外，东道国在社会保障缴费和税收方面也对外国劳务提供人员采取歧视性待遇。

第三类限制是对于资格、培训和经验的不适当认证，这会严重影响某些专业人员在国外寻求提供劳务。虽然有些劳务是不受管制的，例如 IT 服务，但是对于其他类似医生、律师等受管制的职业来说，规章限制却是主要的障碍。在这里，区分合法的拒绝和出于贸易保护目的的拒绝也是十分困难的。

3. 劳务素质要求更高，高端劳务市场和普通劳务市场差异明显

随着世界科技革命的日益深入，各国都加快产业结构调整和升级的步伐，使国际劳务市场也发生着结构性变化，促使国际劳务需求迅速从以体力劳动为主的普通型劳务，向以脑力劳动为主的智力型或技术型劳务转化。即使是普通劳务，对综合素质也提出了更高的要求。

4. “3D”工作以及某些特殊行业的劳务需求将日益增加

一方面，随着经济的发展和社会生活水平的提高，在经济比较发达的国家，人们乐意从事轻松、愉快而又挣钱多的行业，对“3D”工作大多不愿问津，致使这些国家出现大量的“3D”工作空缺。所谓“3D”工作，是指被人们称为脏活（dirty work）、累活（difficult work）和险活（dangerous work）的工种，例如清洁、搬运、建筑、矿山、海运以及钢铁厂和化工厂的一些工种。这种趋势不仅西方发达国家存在，而且在比较发达的发展中国家也是如此。

另一方面，目前西方发达国家普遍面临日趋严重的人口自然增长率过低和人口老龄化问题。在退休老

人日益增多的情况下，为老人提供服务的有关行业也迅速发展起来，对保姆、护士、医生的需求大量增加。沙特阿拉伯卫生部及其所属医院雇佣了将近10万民外籍医护人员，占总雇佣人数的86%。社区及公共事务服务行业在很多国家也存在短缺，韩国短缺50%的公共交通服务人员，英国和香港缺乏家政服务人员、厨师等。

5. 对外籍劳务中的智力型和技术型等高端劳务的限制减少

目前在已经达成的《服务贸易总协定》中，被发达国家和大多数发展中国家列入准入承诺计划的人员主要包括三类：一是公司内部的流动人员，而这些雇员一般是行政人员、高级管理人员、经理以及对公司有非常能力的专家；二是商业访问者；三是优秀的外国专家及有实际经验的人员。大部分总协定成员方的承诺表是有利于公司内部人员调动的，而且总体上偏向于高技术劳动力，对于高技术劳动力采取了更开放的政策。显而易见，承诺的内容使发达国家获得了优势，而广大的发展中国家从成员国的承诺中几乎没有得到好处。因为在正常的条件下，这些国家不仅不能出口高级劳务人员，反而会进口这类人员，如在我国近年来大量涌入的体育外援、外籍教师、音乐人员等高级技术人员，从而会加剧国内这些职业的就业紧张局面。

经典案例

解决农村富余劳动力转移就业问题的新型信息化服务平台

——西陆网“全国劳务电子商务平台”

对于已经43岁、腿部有残疾的四川南充的郑女士来说，如果不是“西陆劳务电子商务平台”，很难想象自己足不出户就能找到地点在浙江台州，月收入1 600元，各方面都比较满意的工作。在此之前，郑女士已经尝试了各种途径，希望找一份工作赚钱补贴家用，先后托亲戚朋友帮忙，也去过当地的人才市场、路边的中介机构，甚至曾沿街在当地的店铺挨家询问，但最后都由于各方面的原因没有成功。郑女士对工作的事已几近绝望。

2008年8月12日，郑女士按照电话中与“西陆劳务电子商务平台”工作人员的约定，在杭州火车站下了车，并得到了平台劳务服务站工作人员的接待，在此之前她的女儿已经通过免费的4007654321电话与平台的就业顾问就郑女士的情况及即将要去工作的浙江双环塑胶阀门有限公司的情况作了多次沟通。由于浙江双环塑胶阀门有限公司的招工要求中原来是不收残疾人的，但是为了促成郑女士的就业，“西陆劳务电子商务平台”的工作人员和该企业的人事专员做了充分的沟通。最后，企业方了解到其腿部残疾并不严重，肯吃苦，手比较灵活，最终同意了接收郑女士到岗工作。郑女士终于可以上班了。

郑女士的经历是千万个发生在广典公司运行的“西陆劳务电子商务平台”中农民工找工作故事中的一个。自从该项目运行半年来，类似的故事天天都在发生。

截至2009年8月底，该平台为8.4万人找到了工作，为缓解金融危机环境下国内返乡农民工就业压力起到了积极作用。

一、平台简介

“全国劳务电子商务平台”是国内第一家，也是目前唯一一个具有覆盖全国能力的服务于农村劳动力就业的劳务电子商务平台。它面向农民提供就业信息与就业转移服务，面向企业提供劳务外包服务。它的收入来源是向企业收取的外包服务费用，不向求职农民工收取任何费用。

“全国劳务电子商务平台”是一个基于电视、电话和互联网三网融合而搭建的劳务信息和交易门户。平台包括：数据匹配中心、电话呼叫中心、电视联播网、地面服务网四大系统。

平台的服务对象是以农民工为主体的体力劳动者

和用工企业。该平台包括如下环节：通过电视台播出涵盖招工、用工的专题节目，吸引大量有招工需求的企业用户或有找工作意愿的农民工。用户在看完节目后可以通过电视节目公布的招工节目服务热线(4007654321)进入“全国劳务电子商务平台”，深入咨询招工、求职相关信息，或将自身的招工或求职需求向平台服务人员说明并注册成为会员。针对企业信息，平台地面渠道会到企业实地勘查、评估。同时项目组后台设有大容量数据库管理、数据分析、数据匹配平台，项目组通过对大量用户反馈信息的分析、挖掘，并初步实现供需信息匹配，然后平台工作人员按照企业的需求对农民工进行电话面试交流，得到双方确认后，地面服务站负责组织农民工送达用工企业，从而完成农民工转移和企业劳务外包服务的整个过程。

二、“西陆劳务电子商务平台”的服务特点和优势

通过信息化的实施，“西陆劳务电子商务平台”对农民工服务的优势明显。

(1) 对农民工群体覆盖能力强。针对农民工一般不会或不方便上网的情况，“平台”在互联网的基础上整合了普及率更高、操作更简便的电视和电话系统，这就大大提升了平台在农民工中的普及率，覆盖范围从不

足5 000万的上网农民工扩展到8亿农民，也就是电视和通信网络所有覆盖到的地方都可以实现信息覆盖和服务覆盖。

(2) 企业岗位数据量大，农民工择业范围广。通过电话、互联网和公司遍布东部重要劳务输出省的分支机构，以及与当地企业商会携手，跨地区的用工信息可以即时进入后台数据库，用工企业和岗位信息丰富，覆盖全国，为准备找工作的农民工提供了极大的选择范围。

(3) 诚信度高，对农民工免费服务。打造统一品牌“西陆劳务电子商务平台”，平台主要向用工企业收费，对农民工不收任何服务费，易被农民工所接受，树立了信息发布权威形象，具有较高的诚信度。

(4) 发挥多网络优势，农民工报名或查询信息操作简单，全流程服务转移成功率高。整合电视、电话、地面服务网络的“平台”为农民工提供全流程服务。通过强化后台数据库管理、岗位匹配功能和地面渠道建设，在劳务转移信息获取、面试、双方情况判别、交易谈判等所有中间环节全部由“平台”代理完成，用工企业和农民工操作更加方便、简易，成功率更高。初步估算，与没有“平台”介入的就业谈判相对，“平台”撮合的交易成功率提升了60%以上。

三、“西陆劳务电子商务平台”的发展成绩

自2007年“西陆劳务电子商务平台”项目建设以

来，公司已经在全国20个省设立了负责企业资源拓展和为农民工送工上岗服务的地面服务站，在山东、上海、重庆等地建立了超过500坐席的呼叫中心，发展了150余人的劳动就业顾问团队。平台与全国100余家电视台建立了合作伙伴关系，每天有超过60个电视频道播放西陆农民工服务专题节目，通过与中国移动通信公司“农信通”平台合作，移动公司设立了专为农民工服务的客服坐席，在重庆、广东、广西、贵州、云南五省与公司联合开展了推广试验。

项目的推广得到了用工企业和农民工用户的积极参与。截至2009年8月底，该平台登记全国农民工信息累计达到100万人，成功为8.4万人找到了工作，先后与近5 000家企业签署了就业服务合同，在招岗位近10万个。其中重庆登记农民工信息达到21万条，已成功为9 870人找到了工作。

初步统计显示，通过劳务电子商务平台，农民工求职直接投入为零，平均工资水平达到1 400元/月（目前全国农民工平均工资水平在1 000元左右）。

点评：

“全国劳务电子商务平台”是利用现代信息技术为农民工解决就业问题，是一个基于电视、电话和互联网三网融合而搭建的劳务信息和交易门户，是政府主导的公共就业服务体系的有益补充。它是国内第一家，也是目前唯一一个具有覆盖全国能力的服务于农村劳动力就业的劳务电子商务平台，它面向农民提供就业信息与就业转移服务，面向企业提供劳务外包服务，具有对农民工群体覆盖能力强，企业岗位数据量更大，农民择业范围更广，诚信度高，对农民工免费服务，发挥多网络优势，农民工报名或查询信息操作简单，全流程服务转移成效率高的明显优势。它的成功无疑为我国农村劳动力转移就业提供了一个值得推广的范例。

第四章　搜集农村劳务需求信息

从前，仅仅有“猎头公司”为高级人才服务过程中，才会对用人单位的资质、资信、岗位、待遇、工作环境、培训机会、发展空间等进行调查，并有详尽的文档资料，方便人才判断遴选。一般的劳务中介或者劳务经纪人因为劳动力严重的供大于求，对用人单位的这些相关信息不太在意。但是当2004年的“民工荒”出现以后，使得越来越多的劳务经纪人开始注意以上因素对劳务人员决策的影响。因此，研究摸清劳务需求单位的“家底”，提高劳务供给方的满意度，也成为如今劳务经纪人的重点工作之一。

第一节　对市场和用工需求的调查研究

一、调查研究的目的

对农村劳动力市场和用工需求进行调查，是为了较为清晰地掌握当前用工市场对劳动力的需求状况和需求结构，从而为农村劳务市场组织培训和输出劳动力提供一定的参考，使得培训和输出具有一定的针对性，避免劳动力流动的盲目性。

二、调查研究的对象

调查研究的对象包括宏观环境和微观环境调查。

（一）宏观环境调查

劳务经纪人在从业之初以及从业过程中，需要认真研读国家经济发展规划，对国家每年的工作重点熟记于心，对国家的重点产业结构调整以及区域开发政策给予重视，对国家关于劳动者保护权利以及用工合同等方面的法律文件保持关注。与此同时，需要对自己所服务地区的经济结构、劳动力结构、产业结构调整政策、重大的城市发展规划等进行摸底。做涉外劳务的经纪人，需要关心所服务国家的政治环境的变化、劳务政策的变化、经济环境的变化。唯有如此，劳务市场经纪人才能把握方向，及时调整工作重点，切实避免陷入经济纠纷甚至违法行为，才可能维护好客户权益，从而获得客户认可，获得经济收益。

1. 国家经济发展的相关政策

（1）国家大型发展计划和发展规划等。比如西部大开发、振兴东北老工业基地等。这些政策必将吸引这些地区原有外出人才回归以及外地人才流入。

（2）国家税收政策、产业发展政策、劳动就业政策等。比如国家免征农业税，并且对农业有直接补贴，必将引起部分农民工不再外出，使劳动力供给减少。又如“总理讨薪”事件引发的一系列政策出台，让农民工对自己的收益有了定心丸，提高了外出务工的积极性。

（3）有关劳动力转移的法律规定。比如户籍制度，部分地区已经试点放开，那么必将引起城镇居民的增长，劳动力供求的失衡，给劳务经纪人创造了大显身手的机会。

（4）经济发展水平以及发展状况、发展规模、发展趋势、发展速度和发展效益。国家经济发展速度呈递增状态，那么吸引的就业劳动力就多；国家产业结构的升级换代，比如从农业向后工业迈进，必将引起农业劳动力的富余，那么农村富余劳动力的转移就是劳务经纪人展示才干的机会。

2. 地区社会经济环境调查

（1）人口年龄结构。根据地区16~60岁人口总和，判断该地区是否需要从外地引进劳动力。某些地区的老龄化趋势比较明显，劳务经纪人就应该为科研院所、企事业单位退下来的人才开辟人才通道，让他们发挥余热，为当地或其他地区经济发展作出贡献。

（2）学历以及知识文化水平。劳务经纪人要尽力从当地政府的公报、会议摘要等资料中搜集本地人才的学历层次，将各个学历层次的人数按照一定的结构组织起来，方便组织劳务时使用。

（3）地区产业结构与经济发展水平。劳务经纪人所服务地区的经济发展速度、效益将直接影响未来劳动力的供求状况。所服务地区产业结构如何调整，将影响劳动力流入流出的结构。比如某个地区准备以“旅游景点多或风景好”为基调调整产业结构，那么可以判断这一地区餐饮业、导游服务、酒店、房地产的劳务需求将增加，而重工业和有污染的行业将逐渐萎缩，这方面的劳务人员必将减少。

（4）地区工资水平、工作环境、劳动者权益保障等配套政策。2004年、2005年出现的珠三角“民工荒”，说到底就是由于平均工资水平低、工作时间超出规定、工作环境差、工资发放不及时、政府讨薪不力，加上国家调整农业政策，所以前往珠三角的农民工仅为以往的六成。因此劳务经纪人在组织劳务之前，事先应该了解各个地区相关的劳务环境和配套政策。

（5）居民迁徙习惯等。某些城市地靠南方，当地外出务工者更倾向于广东、江苏等南方城市；类似的北方人外出务工也首选气候、语言、工作环境接近的北京、青岛等地，并且一个镇、村的人外出务工有着更为明显的集中性，往往都集中于一个区域。所以劳务经纪人应当根据本地区务工者的地域选择倾向，有针对性地联系需求方，组织劳务，进行培训，送达目的地。

（二）微观环境调查

1. 劳务市场供求状况

劳务经纪人在从事中介活动时，需要不断针对自己所服务的目标市场的微观环境进行调查、建档，调查目标市场内企业的分布、所属的行业、对劳动力的需求，以及地区劳动力丰富程度、技能水平等。

（1）关注原劳动与社会保障部以及各省市“劳动力市场职业供求状况”。原劳动和社会保障部每季度都会对全国 104 个大城市用工状况进行调查统计，各省市每年也有类似的报告。除此之外，各个地区也都有类似的网站或权威的政府机构发布劳务需求信息，劳务经纪人可以自由查询。

如今，劳动力流动十分自由，甲地区劳动力资源丰富，乙地区劳动力缺乏，那么劳动力将自然从甲地向乙地转移，劳务经纪人应该对自己所在地区以及其他地区的劳动力供求状况密切关注，及时地把人才输送到合适的地区，及时地中介紧缺型人才，获取更多的利润。

(2) 本地劳动力资源普查。对于专门经营农村劳动力转移的劳务经纪人，必须抓好劳动力资源调查。借助县、乡农经部门，以村民小组为单位，按照年龄、文化程度、技能状况等情况进行摸底调查，并建立档案。

2. 职业分布与需求

劳务经纪人从业之初，最好用步行方式对自己所在区域的企业、事业、政府机关等的用工情况进行走访，并登记存档，与劳动人事部门建立联系。之后经常关注其网站，或通过电话咨询、私人交流等方式了解劳务需求情况。劳务经纪人要对自己所在区域单位的岗位类型，各岗位劳动力需求特征、待遇、工作环境等了如指掌，方能推荐合适的人才。

西南部分劳务输出规模大的县市，甚至由政府出面，在浙江、广东等沿海发达地区设立劳务输出服务站，积极为农民外出务工牵线搭桥。

综上所述，劳务经纪人从事劳务经济活动，要分析宏观和微观环境，结合各地区的劳动力供求状况、结构以及劳务资源的特点，有的放矢，将劳动力资源或劳务需求信息投放到适当地区的适当部门。这样才能提高中介成功率，从而树立其在行业的地位与形象。

第二节　劳务需求信息采集

一、劳务需求单位的评价

每年我国都会评选“中国最佳雇主奖”，而有些省、市也有类似的活动，比如河南的“河南省最佳雇主企业人气榜”。评价标准包括公司对员工的信任和尊重、团队精神、追求卓越、坚持诚实与正直等精神，为员工提供理想的工作、培训机会、发展空间，以及按时付薪、最低工资、不随意加班等。

山东、天津、江西、河南等地根据企业办理用工手续、签订劳动合同、缴纳社会保险费等情况，评出劳动保障 A、B、C、D 四级或七级诚信企业，对诚信企业进行动态分类管理。对劳动保障诚信守法的优秀企业给予表彰，并在全社会进行广泛宣传。对拒不执行劳动保障法律法规，经批评教育仍不改正、不讲诚信的企业，除依法处罚外，还将在新闻媒体曝光。

东莞、珠海、中山等地的民工荒，主要原因就是珠三角地区的企业信誉不佳，经常拖欠、克扣工资，政府保护农民工权益不力，农民工非常不满意。专家分析，“民之荒”是农民工对珠三角长期存在上述问题的“自然报复”。

因此，劳务经纪人掌握某个企业的劳务需求信息后，还需要根据以上要求，摸清企业家底，并核对该企业的资产、现金流等状况，避免所介绍的劳工遭遇“黑雇主”，受骗引起劳务中介纠纷。

二、劳务需求单位的岗位分析

劳务经纪人在了解了用人单位实际情况后，还需对用工岗位进行了解，具体包括：

1. 谁做这工作，工作名称是什么？

2. 工作的基本任务是什么？

3. 怎样完成任务，使用什么设备？

4. 为什么执行这些任务，工作中各项任务同其他工作任务之间的关系是什么？

5. 任职人员对同事、设备负有的责任是什么？

6. 工作条件（工作时间、噪声、气温、光线等）如何？

7. 圆满完成工作所要求的资格条件（包括知识、技能、经验、受教育水平、身体条件、智力、反应能力、创造能力）等。

只有了解以上这些内容之后，劳务经纪人才可能在自己的劳务人才资料库里挑选出合适的劳务人员，然后与用人单位谈判撮合，提高中介成功率。

第三节 信息整理

劳务经纪人只有通过搜集大量的市场信息，调查劳动资源的构成、分布、数量和质量，调查用人单位的性质、用工数量、用工工种、工作时间、工作方式、工资待遇、劳动力要求，从而剖析市场行情变化，发现劳务供求双方的需求动向，使劳务经纪活动有的放矢，保证经纪活动的正常收益。

在信息以几何级数增长的现代社会中，劳务经纪人一直在多途径地收集信息，所获取的信息是多方面的、庞杂的、格式不一的、价值不确定的，经过一段时间之后可能是过时的，而劳务经纪人真正需要的是及时的、针对性强的、能快速检索的、便于传播的信息。因此，劳务经纪人要对信息进行分类整理，不断剔除无用信息和过时信息，要采用一定的技术和管理方法将所搜集到的信息形成一个有组织的体系。

一、信息筛选方法

劳务经纪人从不同渠道、媒体上所获取的各种信息要进行重新调查，即进行信息筛选，常见方法包括：

1. 查生法

目的就是为了去除重复信息，是筛选信息最简单的方法。

2. 时序法

即逐一分析信息资料的时间顺序排列，在同一时间内，取新舍旧，以保持信息的时效性。

3. 类比法

即将信息按照业务范围或按空间、区域、层次分类对比，接近的保存，否则可以剔除。

4. 评估法

劳务经纪人若有扎实的经纪业务知识，非常熟悉自己的业务范围，仅凭信息目录、提要或索引就可决定信息取舍。

二、信息组织方法

（一）分类

劳务经纪人应根据自己的业务范围、信息渠道、信息格式、价值大小、时效等特征，对所搜集的一种或几种信息进行分类，比如分为“政府信息”“用人单位信息”“××村劳务人员情况”等。分类之后，将所搜集的信息分别归属于相应类目下，并可以采用超链接、数据库等形式在类与类之间相互参照、相互映射。这样，劳务经纪人对劳务信息一目了然，方便删除、更新、提取和分析。

（二）序化

劳务经纪人所搜集的信息编码不一、格式不一、时间不一、存储方式不一，若要将其及时地传播出去，必须对所搜集的信息进行综合处理，也就是序化。序化包括对编码，比如视频、音频、文本、数据库等的统一，也包括文本格式、视频分辨率等同一编码的格式统一。还包括对信息的时效按照从先到后顺序表示，以及对信息不同储存介质之间的转化。经过序化处理后的信息，劳务经纪人对其真实性、新颖性、价值内涵的判断将十分容易，所传播出去的信息也是全面的、客观的、新颖的。

（三）管理手段

劳务经纪人分类、序化等工作可以借鉴 windows 系统里面收藏夹的方式实现，当然也可以使用专门的个人知识管理平台来进行管理。由于劳务经纪人所搜集的信息庞大，即使经过分类、序化之后，随着时间的推移，其容量也将十分可观。所以，劳务经纪人应考虑采用光盘、大容量硬盘等将过时的数据进行转移。

第四节　信息发布与反馈

劳务经纪人对搜集到的劳务市场信息进行筛选、评析后，需要寻找适当的途径发布信息。另外还要建立适当的信息反馈机制，及时对劳务信息进行跟踪。

一、信息发布

利用网站发布劳务信息已经成为劳务经纪人发布信息的重要途径。人才市场网站作为一种新兴的发布沟通信息的媒介，与传统媒介相比，具有方便、快捷、面广、交互式等优点，求职者或招聘者可以通过计算机迅速查询合适的目标，甚至可以在网络上直接交流。劳务经纪人通过创办网站，可以使劳务供求双方和经纪人突破原有的交易方式和范围，不断扩大自己的顾客领域，实现身不离家就可以无边无界地开展经纪活动，广泛寻找自己的交易对象，并能通过网络树立自己的形象，赢得顾客的信赖，有利于经纪业务自身的发展。

劳务经纪人通过网络为用人单位和务工人员提供服务，用人单位可以委托劳务经纪人代为发布招聘信息，务工人员可以自行在网站填写简历，寻找自己比较满意或比较匹配的用人单位。

二、信息反馈

任何系统的存在和发展都依赖于系统自身对外界以及内部变化信息的及时获取，反馈则是控制系统把信息传输出去后，又将信息作用的结果返回到控制系统，并对控制系统的再输出发生影响的过程。信息正是在这样不断的循环往返过程中，改变传递的内容，实现对系统的控制。劳务经纪人所建立的信息反馈机制就是包括用人单位、务工人员、劳务经纪人这些主体在内的就业信息流通过程中所涉及的机构（群体）及其职责、运作流程。劳务经纪人应时刻关注务工人员的现状，并根据反馈的信息，及时分析、解决潜在的问题。

经典案例

以培训、就业、创业一体化助推黔江劳务产业发展

——重庆市黔江区华光计算机职业学校劳务培训模式简介

重庆市黔江区华光计算机职业学校是2001年由重

庆市黔江区原劳动和社会保障局批准成立的一所集多专业多层次职业技能培训及推荐就业为一体的综合性技能培训民办学校。在社会各界支持和指导下，学校在多年培训工作中，务实创新，积极探索，总结出了“一情、两段、三教、四服务”的工作模式；“不厌其小、务求其实、精雕细琢，培训‘四有’新型农民工”的培训模式；“培训加市场建基地，强输出重回引”的输出模式，得到了市、区劳务办的充分肯定，被称赞为“小作坊里写大文章”“小学校创大品牌”。该校的农村劳动力转移培训工作连续多年被黔江区人民政府表彰为先进单位。2008年4月，该校被推荐到北京参加“温暖工程”成就展，华光成为全国“温暖工程”培训仅有的两所示范校之一，华光模式在全国推广。2009年4月该校的农村实用技术人才创业培训得到了农业部科教司王青立处长高度认可，并确定为农村实用技术人才创业培训示范点。学校在培训工作中实施的“两段式、双技能、综合性、就业与创业相结合”教学模式，把技能培训和就业培训与创业培训有机结合起来，取得了良好的实际效果，为黔江区劳务培训及劳务输出工作作出了较大贡献。该校在实施劳务培训与劳务输出中的具体做法是：

一情：为了把劳务培训工作落到实处，全校教师深入全区30个乡镇、60个村、城区各用工企业，以院坝会、工作会等各种形式广泛宣传劳务培训与劳务输出的目的和意义，动员、引导、鼓励全区符合条件的农民工积极参加培训。在培训中立足培养技能，注重培养素质，努力以培训促就业，以真正实现农村富余劳动力的有序、有效转移，切实增加农民收入。

两段："洗脑""充电"并重的两段式培训模式的根本目的是解决农民工素质不高、缺乏技能两大制约他们生存与发展的问题。

在教学中安排了《细节决定成败》《你在为谁工作》《公关礼仪》《应用文写作》《创业》等素质培训的课程，在专业课教学中把计算机作为基本技能，把电工、焊工、缝纫等作为岗位技能进行培训，为在较短时间内转变学员观念，开阔学员视野，培养学员技能奠定了坚实的基础。

三教：在华光，"学做人、学做事、学创业"，师生共同成长是华光学校每天的必修课。学校对学员从站、坐、走、说、笑、唱、跳、写、做各方面全面培养。学员进校就从"主动问好"开始严格要求，就业要教、创业要教、做人要教、做事要教。单一的技能培训转化成了综合培训，目的是增强学员的就业竞争力和发展潜力。华光的综合培训，已成为重庆市农村劳动力转移培训的一道亮丽风景线。

四服务：培训的目的是就业。为了提高培训的针对性和实效性，为了切实抓好学员的就业，学校在做好就业指导的同时，与上海、浙江、广东等省的用工企业联系建立了学员就业基地。从培训、就业、信息、创业四个方面给学员提供就业前、就业中、就业后服务，以提高就业稳定率和满意率、创业的成功率。

“抓培训、找市场、建基地、创品牌、促创业”，华光学校实施劳务培训与输出已经形成了整体工作思路。学校将继续探索专业化培训，规模化输出，培训就业、管理和服务工作，努力开展返乡创业工作，以更好服务于黔江劳务产业的发展和农民增收。

点评：

重庆市黔江区华光计算机职业学校是一所民办职业培训学校，被称赞为“小作坊里写大文章”“小学校创大品牌”。该校始终把提高劳动者职业技能和综合素质，加快农村富余劳动力转移，增加农民收入，服务于新农村建设和统筹城乡发展作为办校的宗旨。把务实创新，不断探索培训就业创业一体化路子作为立校之本。“华光模式”得到了重庆市和全国农村劳动力转移培训阳光工程的充分肯定，值得劳务培训机构和经纪人群体认真总结和学习。

第五章　农村劳务的组织与代理

目前，劳务输出逐渐向“劳务公司+用人单位+职业学校+人事代理+跟踪管理”的模式转变。劳务经纪人或劳务公司与政府职能部门一道“做大这张饼”，努力提高劳务输出的针对性和效益。劳务经纪人为劳务人员提供“家门—厂门—家门”的配套服务。

第一节　宣传与咨询

一、宣传

进城农民工本身处于弱势地位，在寻找工作的过程中有着很大的盲目性和随意性，对劳务经纪人或多或少抱有偏见。劳务经纪人应该积极与各级劳动保障部门配合，用广播、电视、报纸等手段广泛宣传劳务输出的重要意义、成功经验、典型事迹，以及维护外出务工人员合法权益的法律法规，强化农民工的市场意识、开放意识、诚信意识，引导他们解放思想，更新观念，提高认识，树立自食其力、劳动光荣的观念和临时就业、阶段性就业、弹性就业等就业的观念，激发他们的就业热情和愿望，使他们消除疑虑，自觉主动、积极勇敢地走出去。“开发农村劳动力资源，做大做强劳务经济”，“有力气有技术，外出务工就能富”，“有本事去东南，学了技术又赚钱”等，就是劳务宣传的典型标语。

劳务经纪人应该将工商执照等审批文件摆放在显著位置，将成功案例张贴在墙上或者做成宣传栏，将领导的视察、表彰等照片或奖状放大，这样就可以显示自己的合法性、社会价值以及社会的认可度。劳务经纪人若是组织外省市劳务活动，更要加大自己的宣传力度，扩大自己的影响，树立自己的品牌。

二、咨询

劳务经纪人承揽到一笔劳务需求合同之后，应向自己的劳务人员迅速传播这一消息，接受劳务人员关于工作环境、工资福利、保险、住宿、技能要求等各方面的咨询，或者直接向劳务人员发放用工指南。对于零散的劳务人员，劳务经纪人应就用工情况、工资水平、工作条件等进行说明，并将该劳务人员的基本技能、家庭背景、求职意向等进行登记，建立自己的劳务人员数据库。

第二节　接受委托

当劳务需求方或劳务供给方向劳务经纪人提出委托要求时，标志着经纪活动开始运作。对劳务经纪人的委托来自两个方面：劳务供给方的务工委托和劳务需求方的招聘委托。

一、务工委托

劳务经纪人或劳务中介所主动出击摸清周边劳务人员的情况，了解劳务人员的基本信息，比如数量、结构、技能水平等。一般而言，在这个过程中，劳务经纪人应该引导自己所擅长行业的劳务人员与其签订委托协议，填写“劳务人员登记表”并存档。

有些时候，劳务人员主动上门，支付一定中介费，委托劳务经纪人帮助寻找工作。此时，经纪人应该判断该劳务人员的工作要求是否与自己的服务范围相符合，是否能在规定的期限为其落实工作，并初步测定该劳务人员的能力，从而决定是否接受委托。如果不接受委托，劳务经纪人可以将其介绍给其他经纪人。如果接受委托，需签订一定协议，劳务人员交纳一定的劳务中介费。

二、招聘委托

招聘委托是用人单位根据自己用人需求，委托专业化的人才中介机构或劳务经纪人，在社会上招聘人才。招聘委托的最大特色是物色人才的多次性、持续性，比起用人单位自己现场设摊招聘，可以做到最大限度地为用人单位节约资金和人力消耗，减少许多不必要的来访和求职，提高招聘效率和成功率。

劳务经纪人接受招聘委托之前，需要请委托单位提供背景资料以及盖有公章的营业执照复印件，劳务经纪人验证合法性后，由用人单位填写各省市统一格式的委托招聘登记表。经纪人收到登记表后，根据对用人单位的了解，分析该岗位人选应具备的业务素质、个性特征、行为风格、专业技能、工作履历，以及形象气质等方面的要求；分析每一岗位的人才分布情况及寻访的难易程度，并确定是否接受委托。如果接受委托，劳务经纪人就与委托单位签订委托招聘服务协议，规定服务期限、劳务人员试用期和薪金等；同时委托单位缴纳服务定金。之后，劳务经纪人提供相关人选给委托单位挑选。

第三节　寻找目标、组织劳务

劳务经纪人接受委托以后，必须在规定期限完成劳务人员的组织、推荐，否则，所预收的定金就要退还给委托人。由此易造成委托人对其能力产生怀疑，不继续合作。如果此事口口相传，影响劳务经纪人信誉和形象，损失就更大了。

一、匹配用人单位

劳务经纪人接受劳务人员务工委托后，首先在自己信息资源范围内查询最近是否有类似工作岗位的用人单位在招人。如果有匹配的用人单位，即推荐该劳务人员面试、试用等。如果自己目前没有类似的岗位提供给该劳务人员，劳务经纪人应马上利用各种渠道联系、查找自己所在区域内相关用人单位是否需要该类人员。个别时候，劳务经纪人需要扩大搜索的范围，比如介绍到其他地区，或者介绍到相近行业或工种。

劳务人员对劳务经纪人推荐的用人单位不太满意的，可以根据协议要求经纪人重新推荐。个别时候，劳务人员试用期间觉得不满意的，也可以根据协议要求重新推荐。对此，劳务经纪人要咨询劳务人员不满意的原因，搜索更合适的用人单位。

二、组织劳务人员

劳务经纪人接受招聘委托之后，需要积极利用各种信息渠道，如招聘会、互联网、海报、广播电视、报纸、招聘专栏、人才信息会刊、政府信息网站、自有渠道等，发布招聘广告，招聘所需人才。根据每个劳务人员的简历、工作年限、具体工作要求、月薪报价等，安排初次见面或笔试或技能考试，对其专业技能、个人素质等作出相应的评价。劳务经纪人根据评价结果，拟定候选人名单交与用人单位，供其复试挑选。某些时候，劳务经纪人根据用人单位要求，需要对劳务人员进行相关培训。

三、政府合作提高劳务中介的效率

最近几年，许多省市将劳务输出作为振兴地方经济、提高农民收入的重要产业，加大了对劳务输出人员的组织。建立县级劳务输出协调领导机构、乡镇劳务协会、村劳务公司、组劳务信息员四级劳务体系和信息网络；在外地设立办事处，联系劳务，实现订单式输出，并维护外出劳务人员合法权益。加大对劳务经纪人的支持力度和优惠措施，借助社会力量建立培训中心，达到以输出带培训，以培训促输出的效果。

因此，劳务经纪人要紧密地与政府连接在一起，分享政府的信息资源，合资筹建培训中心，提高劳务人员技能和素质，最终提高劳务中介的有效性。

第四节 实施培训

美国知名管理学者托马斯·彼得斯曾说："企业或事业唯一真正的资源是人，管理就是充分开发人力资源以做好工作。"而组织培训是管理的重要内容之一。要做好培训工作，必须有好的培训方案。如何设计有效的培训方案，是培训的重中之重。

一、设计培训方案

（一）培训需求分析

培训活动的成本从费用、时间和精力上来说，都是不低的，因此在是否进行培训前需要进行需求分析，根据需求指导培训方案的制订，要有的放矢，不能单纯地为培训而培训。

培训需求分析需从多维度来进行，包括组织、工作、个人三个方面。首先，进行组织分析。组织分析指确定组织范围内的培训需求，以保证培训计划符合组织的整体目标与战略要求。其次，进行工作分析。工作分析指培训人员达到理想的工作绩效所必须掌握的技能和能力。最后，进行个人分析。个人分析是将培训人员现有水平与预期未来对培训人员技能的要求进行比照，发现两者之间是否存在差距。

（二）培训方案组成要素分析

培训方案是培训目标、培训内容、培训指导者、受训者、培训日期和时间、培训场所与设备以及培训方法的有机结合。培训需求分析是培训方案设计的指南，一份详尽的培训需求分析就大致勾画出培训方案的大概轮廓，在前面培训需求分析的基础上，下面就培训方案各组成要素进行具体分析。

1. 培训目标的设置

培训目标的设置有赖于培训需求分析。通过培训需求分析，明确了个人未来需要从事某个岗位，若要从事这个岗位的工作，现有人员的职能和预期职务之间存在一定的差距，消除这个差距就是我们的培训目标。设置培训目标将为培训计划提供明确方向和依循的构架。

例如，农村劳务经纪人培训就是希望通过对经纪人的培训使其成为文化水平和职业技能合格的职业经纪人，并通过职业技能考试达到合格水平，获得从业资格证书的培训方式。

2. 培训内容的选择

在明确了培训的目的和期望达到的学习结果后，接下来就需要确定培训中所应包括的传授信息了。尽管具体的培训内容千差万别，但一般来说，培训内容包括三个层次，即知识培训、技能培训和素质培训，究竟该选择哪个层次的培训内容，应根据各个培训内容层次的特点和培训需求分析来选择。

知识培训，这是组织培训中的第一层次。培训人员只要听一次讲座或者看一本书，就可能获得相应的知识。在学校教育中，获得大部分的就是知识。知识培训有利于理解概念，增强对新环境的适应能力，减少企业引进新技术、新设备、新工艺的障碍和阻挠。同时，要系统掌握一门专业知识，则必须进行系统的知识培训，如要成为“X 型人才”(即系统掌握两门专业知识，这些知识之间又具有明显交叉点和结合部的人才)，知识培训是必要途径。虽然知识培训简单易行，但容易忘记，若组织培训仅停留在知识培训层次上，效果不好是可以预见的。

技能培训，这是组织培训中的第二个层次。这里所谓技能就是指能使某些事情发生的操作能力。技能一旦学会，一般不容易忘记，如骑车、游泳等。新进人员、采用新设备、引进新技术等都不可避免要进行技能培训。

素质培训，这是组织培训的最高层次。素质高的培训人员应该有正确的价值观，有积极的态度，有良好的思维习惯，有较高的目标。素质高的培训人员，可能暂时缺乏知识和技能，但他会为实现目标有效地、主动地学习知识和技能；而素质低的培训人员，既使已经掌握了知识和技能，但他可能不用。

3. 培训主体的确定

根据组织培训的主体在性质上的不同，可以分为国家各类职业学校培训、社会各类培训机构和用工企业组织的技能培训。

国家各类职业学校培训主要是各类职业中学、中等职业技术学校和国家的劳动技术学校等开展的职业技能培训。

社会各类培训机构培训主要是指各类社会力量办学机构开展的技能培训。

用工企业组织培训主要是指企业根据自己在用工方面的需求而设立的各类培训部、教育培训中心等开展的与本企业生产经营性质相关的技能培训。

4. 培训对象的确定

根据组织的培训需求分析，不同的需求决定不同的培训内容，从而大体上确定不同的培训对象。根据职业培训对象的不同，可已划分为技能养成培训、技能提高培训和转变职业技能培训。

技能养成培训是对 16 岁以上或中学毕业的青年

人所实施的系统的就业前训练，其目的是使他们学习和掌握从事该职业所需的基本业务能力。通过这种培训，能使受教育者顺利地完成职业适应，并为以后的职业发展和提高打下坚实的基础。就业前的技能养成培训是一种劳动后备培训，即为国民经济各部门准备后备力量，要求必须具有一定的超前性。

技能提高培训是对已接受过技能培训或已经具有基本业务能力者，为使其学习和掌握更高的业务能力而实施的在职职业培训。培训主要内容包括岗位培训、职工技术业务培训、工人技能比赛、技术人员和管理人员的业务培训等。同其他类型教育培训相比较，技能提高培训的培训内容与受训者的职业需要以及工作内容有直接关系，培训目标具有针对性、实用性；培训方式具有灵活性、多样性。接受培训后，就会立即应用到生产工作中去，有效地提高劳动生产率，具有规范性和速效性等特点。

转变职业技能培训是以各种迫切需要转变职业或准备转变职业者为对象，为使其学习和掌握新的技能所需的业务能力而实施的职业技能培训。由于参与此类培训人员的职业能力、素质条件等参差不齐，又迫切要求重新就业，且职业意向和选择要求不同，转变职业技能培训具有适应性、速效性和灵活性的特点。

5. 培训日期的选择

什么时候需要就什么时候培训，这道理显而易见，但事实上，要做到这一点并不容易。

在做培训需求分析时，首先确定需要培训哪些知识与技能，然后根据以往的经验，对这些知识与技能培训做出日程安排，看大致需要多少时间，以及培训真正见效所需的时间，从而推断培训提前期的长短，根据何时需用这些知识与技能及提前期，最终确定培训日期。

例如，由于大多数农村劳务经纪人在接受培训以前多从事农业生产，在参与培训时并没有完全脱离农业，因此在培训时就需要特别注意农作物的播种和收获时节，使培训人员在接受培训时能够专心地接受培训，减少外部干扰，提高培训的效果。

6. 培训方法的选择

培训方法有多种，如讲授法、演示法、案例法、讨论法、视听法、角色扮演法等，各种培训方法都有其自身的优缺点。为了提高培训质量，达到培训目的，往往需要各种方法配合起来，灵活使用。下面着重分析讲授法、演示法、案例法三种常用方法，在培训时可根据培训目的、培训内容择一种或多种配合使用。

(1) 讲授法。讲授法就是指讲授者通过语言表达，系统地向受训者传授知识，要求受训者能记住其中的重要观点与特定知识。讲授法要求：第一，讲授内容要有科学性，这是保证讲授质量的首要条件；第二，讲授要有系统性，条理清楚，重点突出；第三，讲授时语言要清晰，生动准确；第四，必要时应用板书。

（2）演示法。演示法是运用一定的实物和教具，通过实地示范，使受训者明白。演示法要求：第一，示范前准备好所有的用具，搁置整齐；第二，让每个受训者都能看清示范物；第三，示范完毕，让每个受训者试一试；第四，对每个受训者的操作都立即给予反馈。

（3）案例法。案例是指用一定视听媒介，如文字、录音、录像等，描述客观存在的真实情景。它作为一种研究工具早就广泛用于社会科学的调研工作中，20 世纪 20 年代起，哈佛商学院首先把案例用于管理教学，称为案例教学法。案例用于教学有三个基本要求：第一，内容应是真实的，不允许虚构。为了保密，有关的人名、单位名、地名可以改用假名，称为掩饰，但其基本情节不得虚假，有关数字可以乘以某掩饰系数加以放大或缩小，但相互间比例不能改变。第二，教学中应包含一定的实际问题，否则便无学习与研究的价值。第三，教学案例必须有明确的教学目的，它的编写与使用都是为某些既定的教学目的服务的。

7. 培训场所及设备的选择

培训内容及培训方法决定着培训场所及设备。培训场所有教室、会议室、工作现场等。若以技能培训为内容，则决定了最适宜的场所为工作现场。培训设备则包括教材、笔记本、笔、模型，有的还需要幻灯机、录像机等，不同的培训内容及培训方法最终确定了培训场所和设备。

（三）培训方案的评估及完善

任何一个好的培训方案必然是一个由制订→测评→修改→再测评→再修改……→实施的过程，只有不断测评、修改，循环往复才能使培训方案甄于完善。培训方案的测评从三个方面来考察：第一，内容效度，看培训方案的各组成部分是否合理。系统化是从培训方案的本身来说的，分析其是否符合培训需求分析，各要素前后是否协调一致、是否是最优选择。第二，反应效度。看受训者反应，是否对此培训感兴趣，是否能满足受训者的需要，如果否，应找出原因，加以改进。第三，学习效度。以此方案来培训，看传授的信息是否能被受训者吸收，如果否，则要考虑从传授方法以及受训者学习的特点等各个方面的因素来加以改进。

二、聘请专家和技师进行培训

职业培训的师资力量不足是目前培训存在的薄弱环节。现有的农民职业培训机构主要包括各类职业学校和独立培训机构，而教师师资力量整体偏低。

1. 数量严重不足，比例失衡。文化课教师占比例较多，而进行实践指导工作的教师则严重不足。

2. 教师素质普遍不高。据教育部职成司统计，职业高中专业课教师和实习指导教师的学历合格率分别为45.7%和25.3%。农村职业学校的教师合格率更是不容乐观，专业教师学历达标率仅为37.42%。

要改变这一现状，一方面培训机构可以引进符合条件的教师，或对本学校的教师尤其是年轻教师进行培训。

另一方面，按照教师职务、任职资格和培训专业的特殊要求，可以在高校和社会招聘学术专家和技师担任兼职教师，既能够提高农民工的理论知识水平，又能在实际操作环节获得较实用的技能。

第五节　与劳务人员签订合同

一、推荐候选单位或候选人

对于务工委托，劳务经纪人根据劳务人员的工作要求，推荐适宜的用人单位给劳务人员，再寄送劳务人员材料给用人单位，并约定面试、笔试时间。在允许的情况下，劳务经纪人应尽可能陪同劳务人员与用人单位见面。用人单位与劳务人员任何一方不满意时，劳务经纪人可以为双方选择新的目标。

对于招聘委托，劳务经纪人搜寻出基本符合招聘条件的人才之后，对参加初试的人进行综合素质测评，从中挑选出符合招聘单位要求的推荐人选，参加单位复试。

二、考试与试用期

如果用人单位根据所提供的初步材料确认劳务经纪人提供的候选人，则将对劳务人员安排考试。考试一般分为面试、笔试、技能操作等几类。对于某些工种，比如高空作业，还需要进行心理测试。用人单位认可劳务人员能力之后，一般将安排试用期，以全面考察其工作能力。

在考试以及试用过程中，劳务人员也能了解用人单位，从而判断自己是否适合该单位，决定是否继续留在该单位工作。如果劳务人员与用人单位有一方不满意，那么劳务经纪人有义务推荐新的用人单位或劳务人员。

三、合同签订

经用人单位考试、试用之后，劳务人员与用人单位都对对方满意，劳务经纪人应督促用人单位与劳务人员签订劳动合同。劳务经纪人应以客户利益为重，保护劳动者权益为本，审查合同内容，为弱势的一方争取更多的权利和利益。

劳动合同签订之后，劳务经纪人要求用人单位或劳务人员付清委托服务的余款。

第六节　农村劳务经纪人应具备的合同知识

一、合同及其法律特征

合同是指双方当事人之间依法确立、变更或终止一定权利义务关系且意愿表示一致的法律行为。合同的法律特征可概括为以下四点：

（一）合同是一种法律行为

法律行为是指当事人依法进行的，并以产生一定的法律后果为目的的行为。这种行为的法律后果是当事人双方所希望发生的，这就是合同与一般的社会行为的区别，也是与产生法律后果的其他行为的区别。

（二）合同是双方的法律行为

合同的当事人必须是双方，只有双方达成一致才能成立合同。例如，买卖合同，必须有卖方和买方，而且买卖双方必须就合同标的、数量、质量、价款、期限、交货方式等内容达成合意，合同才能成立。合同一经成立，便具有法律约束力，双方必须按合同约定履行各自的义务。任何一方违反合同，都要承担相应的法律责任。

（三）合同的权利与义务具有对等性

合同是一种权利义务关系，这种权利与义务是等价的，即合同双方所享有的权利和所承担的义务互为对等。例如在买卖合同中，卖方有按期交付货物的义务，也就同时享有收回等价货币的权利，这就使合同与多方行为区别开来。

（四）合同双方当事人的法律地位具有平等性

合同当事人中的任何一方都不能把自己的意愿强加给对方，必须坚持平等互利、协商一致的原则，任何组织与个人都不能非法干预当事人一方的意愿。这是合同当事人自由意志的前提，也是当事人权利义务平等的基础。

二、合同的订立程序

合同订立，是一个经过充分协商达到双方意愿表示真实一致的过程。完成这个过程所实施的步骤就是合同的订立程序。合同的订立程序包括以下几个步骤：

第一程序，进行市场调查。

在订立合同前要进行市场情况的调查研究，掌握订立合同的内容与市场供需关系的变化情况，研究合同是否能够履行，履行中可能会遇到什么困难。只有对这些问题心中有数，在合同订立过程中才会减少盲目性，更好地实现预期目标。

第二程序，资信审查。

(1) 审查对方当事人的资格。如是否法人，是否属于国家规定的按审批程序成立的法人组织，有无法人章程和营业执照，确认其能否订立合同，能否承担合同中规定的义务等。

(2) 审查对方当事人的代理人的资格。审查其能否代表对方当事人订立合同，其中应着重审查法定代表人资格证书、授权委托书、订立合同的身份证件和营业执照副本等。

(3) 审查对方当事人的信用程度。审查其是否具有履约能力、支付能力及信用能力等。

第三程序，洽谈协商。

洽谈协商的过程就是双方当事人充分协商、讨价还价，最后达成一致的过程。这一过程主要包括要约和承诺两个阶段。

第四程序，签订合同。

经过上述三个阶段，双方当事人如果对合同的所有条款都达成了一致意见，即可签订合同。一般来讲，双方当事人在合同中盖章、签字后，合同便依法生效。但根据法律规定需要经特别审批或特别手续的合同，必须在履行了审批手续后，合同才能奏效。合同有口头形式和书面形式两种。根据《合同法》规定，合同除即时结算外，应当采取书面形式。

三、劳动合同的种类

《劳动合同法》规定了三类劳动合同，即固定期限劳动合同、无固定期限劳动合同、完成一定工作任务为期限的劳动合同。劳动者正确区分这三类合同对维护自己的合法权益大有好处。

（一）固定期限劳动合同

固定期限劳动合同是指用人单位与劳动者约定合同终止时间的劳动合同，用人单位与劳动者协商一致，可以订立固定期限劳动合同。

（二）无固定期限劳动合同

无固定期限劳动合同是指用人单位与劳动者约定无确定终止时间的劳动合同，即原《劳动法》规定的长期合同。用人单位与劳动者协商一致，可以订立无固定期限劳动合同。有下列情形之一，劳动者提出或者同意续订、订立劳动合同的，除劳动者提出订立固定期限劳动合同外，应当订立无固定期限劳动合同：

1. 劳动者在该用人单位连续工作满十年的。

2. 用人单位初次实行劳动合同制度或者国有企业改制重新订立劳动合同时，劳动者在该用人单位连续工作满十年且距法定退休年龄不足十年的。

3. 连续订立二次固定期限劳动合同，且劳动者没有《劳动法》第三十九条和第四十条第一项、第二项规定的情形，续订劳动合同的。

用人单位自用工之日起满一年不与劳动者订立书面劳动合同的，视为用人单位与劳动者已订立无固定期限劳动合同。

（三）以完成一定工作任务为期限的劳动合同

以完成一定工作任务为期限的劳动合同，是指用人单位与劳动者约定以某项工作的完成为合同期限的劳动合同。用人单位与劳动者协商一致，可以订立以完成一定工作任务为期限的劳动合同。

与一般劳动合同比较，具有特殊特点的劳动合同有：

（四）集体合同

集体合同是指工会（未建立工会的用人单位，由上级工会指导劳动者推举的职工代表）代表企业职工（集体）一方与用人单位通过平等协商，就劳动报酬、工作时间、休息休假、劳动安全卫生、保险福利等事项订立的合同。集体合同草案应当提交职工代表大会或者全体职工讨论通过。企业职工一方与用人单位可以订立劳动安全卫生、女职工权益保护、工资调整机制等专项集体合同。

在县级以下区域内，建筑业、采矿业、餐饮服务业等行业可以由工会与企业方面代表订立行业性集体合同，或者订立区域性集体合同。集体合同生效条件是：集体合同订立后，应当报送劳动行政部门；劳动行政部门自收到集体合同文本之日起十五日内未提出异议的，集体合同即行生效。依法订立的集体合同对用人单位和劳动者具有约束力。行业性、区域性集体合同对当地本行业、本区域的用人单位和劳动者具有约束力。集体合同中劳动报酬和劳动条件等标准不得低于当地人民政府规定的最低标准；用人单位与劳动者订立的劳动合同中劳动报酬和劳动条件等标准不得低于集体合同规定的标准。用人单位违反集体合同，侵犯职工劳动权益的，工会可以依法要求用人单位承担责任；因履行集体合同发生争议，经协商解决不成的，工会可以依法申请仲裁、提起诉讼。

（五）劳务派遣合同

劳务派遣合同是指劳务派遣单位与劳动者订立的派遣劳动者到用人单位工作，由劳务派遣单位支付劳动者报酬的劳动合同。劳务派遣一般在临时性、辅助性或者替代性的工作岗位上实施。劳务派遣合同除应当载明一般劳动合同规定的事项外，还应当载明被派遣劳动者的用人单位以及派遣期限、工作岗位等情况。劳务派遣单位应当与被派遣劳动者订立两年以上的固定期限劳动合同，按月支付劳动报酬；被派遣劳动者在无工作期间，劳务派遣单位应当按照所在地人民政府规定的最低工资标准，按月支付报酬。

劳务派遣单位派遣劳动者应当与接受以劳务派遣形式用工的单位（以下称用人单位）订立劳务派遣协议。劳务派遣协议应当约定派遣岗位和人员数量、派遣期限、劳动报酬和社会保险费的数额与支付方式以及违反协议的责任。用人单位应当根据工作岗位的实际需要与劳务派遣单位确定派遣期限，不得将连续用工期限分割订立数个短期劳务派遣协议。劳务派遣单位应当将劳务派遣协议的内容告知被派遣劳动者。劳务派遣单位不得扣去用人单位按照劳务派遣协议支付给被派遣劳动者的劳动报酬。劳务派遣单位和用人单位不得向被派遣劳动者收取费用。劳务派遣单位跨地区派遣劳动者的，被派遣劳动者享有的劳动报酬和劳动条件，按照用人单位所在地的标准执行。用人单位不得将被派遣劳动者再派遣到其他用人单位。

被派遣劳动者享有与用人单位的劳动者同工同酬的权利。用人单位无同类岗位劳动者的，参照用人单位所在地相同或者相近岗位劳动者的劳动报酬确定。

用人单位不得设立劳务派遣单位向本单位或者所属单位派遣劳动者。

（六）非全日制用工合同（小时工）

非全日制用工合同是指用人单位与劳动者签订的以小时计酬为主，劳动者在同一用人单位一般平均每日工作时间不超过四小时，每周工作时间累计不超过二十四小时的劳动合同。非全日制用工双方当事人不得约定试用期。非全日制用工双方当事人可以订立口头协议。从事非全日制用工的劳动者可以与一个或者一个以上用人单位订立劳动合同。但是，后订立的劳动合同不得影响先订立的劳动合同的履行。非全日制用工双方当事人任何一方都可以随时通知对方终止用工。终止用工，用人单位不向劳动者支付经济补偿。非全日制用工小时计酬标准不得低于用人单位所在地人民政府规定的最低小时工资标准。非全日制用工劳动报酬结算支付周期最长不得超过十五日。

四、常见农村经纪合同格式

（一）农村经纪委托合同格式

委托合同的主要条款包括：委托人和受托人的姓名，委托事项，委托权限、期限，双方的权利和义务，报酬和委托终止等条款。书面形式的委托合同应该包括标题、双方当事人的基本情况、正文和结尾四个部分。标题一般为“委托合同”或“代理协议”“委托书”等。具体的合同格式如下所示：

编号：　　　　字第　号

农村经纪委托合同

受委托人（经纪人或代理人，简称甲方）：

委托方（简称乙方）：

甲乙双方为实现委托代理事项，根据国家法律、法规的有关规定，本着平等、自愿、诚信、有偿的原则，在充分协商的基础上订立如下协议：

1. 委托事项：________

2. 代理权限：________

3. 酬金的数额和支付时间：甲方全部完成乙方的委托事项，可得酬金________。

4. 违约责任：甲乙双方的任何一方未全面履行此合同，都视为违约；违约方应向对方支付酬金________%的违约金；守约方有权解除合同；给对方造成损失的，应由违约方赔偿。

5. 合同的有效期限：本合同自双方签字之日起生效，至合同全部事项完成时终止。

6. 纠纷的解决方式：本合同如发生纠纷，双方应本着互谅互让的原则协商解决。协商不成时，可通过________（仲裁、诉讼）途径解决。

7. 其他约定：________。

甲方（签字盖章）　　　　　　　乙方（签字盖章）

年　月　日　　　　　　　　　　年　月　日

（二）农村经纪居间合同格式

居间合同的主要条款包括：当事人的名称和地址、委托事项、佣金、完成委托事项的时间和违约责任等。农村经纪居间合同格式如下所示：

合同编号：

农村经纪居间合同

委托人：（简称甲方）

居间人：（简称乙方）

乙方接受甲方的委托，双方本着平等、自愿、诚信的原则，就________委托事项协商一致，签订本合同。

第一，委托事项（需具体约定所委托的是提供订约机会还是媒介合同的成立，以及委托事项的具体要求）。

第二，居间酬金的计算方法及支付的时间、地点、方式。

第三，违约责任。

第四，其他约定事项。

委托方：　　　　　　　　　居间方：

单位（人）名称：　　　　　单位（人）名称：

地址：	地址：
法定代表人或	法定代表人或
委托代理人：	委托代理人：
电话：	电话：
传真：	传真：
邮政编码：	邮政编码：
开户银行：	开户银行：
账号：	账号：

签约地点：

签约时间：　　年　月　日

合同有效期自　　年　月　日至　　年　月　日

（三）农村行纪合同格式

行纪合同的主要条款包括：代办事项、佣金和违约责任等。行纪合同的格式如下所示：

合同编号：

农村行纪合同

委托人：

行纪人：

签约地点：

根据《中华人民共和国合同法》和有关法规的规定，行纪人接受委托人的委托，就代办________事项，双方协商一致，签订本合同。

第一条，代办事项（具体约定是寄售、代购代销货物，还是其他法律事务）。

第二条，代办事项的具体要求（凡属寄售和代购代销货物，应明确具体货物品名、规格、型号、质量、数量以及最低销售或最高购价和时间要求）。

第三条，货物保管责任及费用承担。

第四条，酬金的计算结付方式、给付的时间。

第五条，违约责任。

第六条，合同争议的解决方式：本合同在履行过程中发生的争议，由双方当事人协商解决；也可由当地工商行政管理部门调解；协商或调解不成的，按下列____种方式解决：

（1）提交________仲裁委员会仲裁

（2）依法向人民法院起诉。

第七条，其他约定事项。

第八条，本合同未作确定的，按《中华人民共和国合同法》的规定执行。

委托方：	行纪人：
单位（人）	单位（人）
名称（章）：	名称（章）：
地址：	地址：
法定代表人或	法定代表人或
委托代理人：	委托代理人：

电话： 电话：

传真： 传真：

邮政编码： 邮政编码：

开户银行： 开户银行：

账号： 账号：

合同有效期自 年 月 日至 年 月 日

五、合同的签订过程

（一）要约与承诺

签订劳务经纪合同与签订其他合同一样，要经过要约和承诺两个程序。要约是当事人一方向对方提出订立合同标的、要求与建议。要约人提出要约时，除表示订立合同的愿望和要求外，还必须依据有关法规提出订立合同的主要条款，其内容必须明确，要约送达受约人即生效。要约人送达要约时，要约定受约人答复期限。受约人对要约的具体意见在没有反馈给要约人前，要约人可以改变或是撤销自己的要约。对于超过答复要约期限的要约，要约人不承担法律责任，受约人在要约的有效期限内受要约的约束。承诺是指受要约人同意并承受要约人提出的要约内容的一种表示。有效的承诺必须由承诺做出或者由有授权委托书的代理人做出。承诺是表示无条件地全部同意要约所提出的各项条款，并在要约规定的有效期内答复要约人。受约人对要约的实质性修改和补充，应看做是提出新的要约。在实际签订合同时，当事人双方往往出现要约——新要约——再新要约，直至承诺的一个反复磋商，最终达成协议的过程。要约一经承诺，合同即告成立，如果撤回已生效的承诺，要承担法律责任。

（二）对签约主体有关情况的调查

为了避免和减少合同在履行中出现不必要的纠纷，在审查合同时，当事人应互相审查对方的资格、资信和履约能力。审查主体资格，就是审查对方是否合格。此外，还需了解当事人的生产能力、人员素质、销售渠道等多方面情况。

（三）谈判和签约

签订合同一般要经过多次谈判才能达成一致意见。谈判过程应选派懂业务、懂法律、懂技术的人参加，经认真协商，形成一致意见，然后拟订合同草案，进行修改。合同中各项条款内容应写得具体、明确，双方的权利和义务详细具体，以备日后有案可查。

形成协议后，双方在合同书上签字并盖章。加盖公章的，其名称要和法人的名称一致。合同一经盖章，即告成立并产生法律约束力。当事人是个人的，也应在合同上签名或盖章。有中介的要有中介条款，并有中介人签名、盖章。需要公证的合同，应经公证机构签证盖章后方能生效。

（四）报批和登记

根据当事人自愿，合同签订后，在规定时限内，可以到合同登记机构进行认定登记。申请认定登记的当事人应向合同登记机构提供完整的书面合同文本及有关附件。

六、合同的变更与解除

如果当事人由于情况变动，需要对原合同所规定的条款作部分修改，或解除原合同，可以约定变更或解除合同。

根据《中华人民共和国合同法》的规定，凡发生下列情况之一者，允许变更或解除合同：

（1）当事人双方经协商同意，并且不会损害国家和社会公共利益。

（2）由于不可抗力致使合同全部义务不能履行。

（3）由于合同另一方在合同约定的期限内没有履行合同。如经纪人在规定的期限内没有找到第三方，委托人有权通知经纪人解除合同。

当事人变更合同时内容约定不明确的，可推定为未变更。当事人一方发生合并、分立时，合同变更后的当事人承担或分别承担合同的义务和享受应有的权利。当事人一方合同承办人或法定代表人的变动，根据有关法律规定，合同不得变更。

变更或解除合同，可由一方当事人以书面形式提出，经双方协商一致，达成变更或解除书面协议，原合同才能变更或解除，协议未达成前，原合同继续有效。但由于不可抗力致使合同的全部义务不能履行或者由于另一方在合同约定的期限内没有履行合同，只要有当事人一方变更或解除合同的通知，即使未达成变更或解除协议，也可变更或解除原合同。

当事人一方收到对方要求变更或解除合同的通知后，在对方通知中规定的期限内未作出答复的，即可视同默认对方的要求，变更或解除合同协议。合同变更或解除后，由此给对方造成的损失，除依法可以免除责任外，应由责任方负责赔偿。

七、合同的履行

合同的履行是指合同双方当事人根据合同的约定，各自遵循诚实信用原则，根据合同的性质、目的和交易习惯各自完成自己所承担的义务。依法成立的合同，自成立时生效。合同的履行，分为实际履行和适当履行。实际履行就是要当事人必须按照合同的规定标的履行，不得以其他来代替，也不能折为现金代偿。适当履行就是要求当事人按照合同规定的标的、期限、价格等条款，用适当的方式全面履行合同。

劳务经纪合同适用适当履行。经纪合同生效后，合同中中介服务商品的质量、价格或者佣金、履行地点等内容没有约定或者约定不明确的，可以进行补充协议；不能达成补充协议的，按照合同有关条款或者交易习惯确定履行。

八、合同的违约责任

不履行合同义务或履行合同义务不符合约定的，应承担违约责任。违约责任有继续履行、采取补救措施或者赔偿损失等。

承担违约责任必须要有不履行合同的行为和过错。行为是指当事人不履行或不适当履行合同所规定的义务。过错是指当事人不履行合同义务，是主观原因，即当事人明知自己的行为会影响合同的履行而有意去做；或者说当事人能够预见到自己行为所造成的不良后果，但由于过于自信而导致不良后果发生；或者已经预见到了而疏忽大意、没有采取积极预防措施，致使合同不能履行或者不适当履行，这样的故意和过失，应该承担违约责任。

有下列情况之一的，合同当事人可以免于承担违约责任：

（1）由于不可抗力（地震、火灾、自然灾害、战争等）造成合同不能履行。

（2）合同约定有免责条件。

（3）由于当事人一方在合同约定的期限内没有履行合同在先，造成当事人的另一方无法履行合同或者没有必要履行合同，另一方当事人可以免除责任，并有权追究先违约一方的责任。

承担违约责任的方式有很多，就劳务经纪合同而言，主要包括两种：一是支付违约金。违约金的比例由双方当事人在经纪合同中约定。二是支付赔偿金。由于一方当事人违约，向对方支付的违约金不足以弥补给对方所造成的实际损失，对不足部分仍需如数给付补足。双方当事人可以在经纪合同中约定赔偿金额或赔偿金的计算方法。

九、无效的合同

无效的合同是指不能产生效力的合同，其自始无效。无效合同的确认权归仲裁机构和人民法院。

当事人之间签订的下列合同无效：

(1) 违反法律法规的合同。

(2) 采取欺诈、胁迫等手段所签订的合同。

(3) 代理人超越了代理权限签订的合同，或以被代理人的名义同自己或者同自己所代理的其他人签订的合同。

(4) 违反国家或社会公共利益的合同。

经纪合同被确认无效后，经纪人从委托人处已取得的佣金应该返还，所造成的损失，由责任方承担。如果当事人故意违反国家或社会公共利益，应该追缴已经取得或约定取得财产，归国家所有。

确定经纪合同部分无效，如果不影响其余部分的效力，其余部分仍然有效，应该继续履行。

十、劳务经纪合同纠纷的解决

通常，劳务经纪人同劳务供需双方易就佣金、服务范围、服务方式、劳务人员考核标准等发生纠纷，以及劳务经纪人之间发生争议等。其中最典型的两类纠纷有：一是劳务经纪人收取委托方佣金之后却无法提供合适的劳务人员或用人单位；二是劳务供求双方见面之后，抛开经纪人直接交易，俗称“翻墙子”。

产生争端或纠纷之后，劳务经纪人要利用合同原文，应用法律法规解决，采取合理的方法（协商、仲裁、诉讼），积极主动地解决问题。首先保护委托方的利益，其次保障自身利益，妥善解决合同中的分歧，树立良好形象，促进经纪活动做大做强。

第七节　跟 踪 服 务

一、建立农村劳务人员档案

劳务经纪人应对自己所辖地区有多少人具备务工条件、学历如何、年龄多大、技能高低等情况作基本了解。对自己所中介的劳务人员在何地、收入怎样、环境如何、跳槽与否、家庭情况、身体条件等应一清二楚，定期跟踪。通过建立务工人员档案，以便随时查阅。

二、在外地设立办事机构

劳务经纪人或经济中介公司应根据实际情况，单独或联合在劳务输出主要地区建立办事机构，派驻代表全面负责劳务信息搜集反馈、维护劳动者权益及其他事务。未设办事机构的地区可以委托当地劳务职介部门代为管理。劳务经纪人或委托的劳务职介部门要到用人单位进行回访，协助用人单位搞好管理，协助务工人员签订好劳动合同，坚决抵制一些企业单方面的、不合理的合同要求，切实维护务工人员的合法权益。

三、反馈信息

在劳务人员与用人单位签订正式合同之后，劳务经纪人应该做好跟踪工作，了解务工人员对工作环境、工资待遇、人际关系等的意见。某些劳务经纪人甚至专门设计有务工人员反馈意见表（见表1），以收集信息。对于委托招聘的用人单位，劳务市场经纪人应上门拜访，了解其满意程度。

表 1　　　　务工人员意见反馈表

姓名		身份证号	
联系电话		亲友联系电话	
原务工单位		现务工单位	
工种		在该单位务工年限	

1. 你对单位的工作条件满意吗？

A. 不满意	B. 满意	C. 很满意

2. 你对单位的工资待遇满意吗？

A. 不满意	B. 满意	C. 很满意

3. 你对工作的省市地区满意吗？

A. 不满意	B. 满意	C. 很满意

4. 务工单位有拖欠工资事件发生吗？

A. 没有	B. 有，押 1~3 月	C. 有，押 3 月以上

5. 你是否愿意继续在该单位工作？

A. 愿意	B. 不愿意，但无更好单位	C. 不愿意，选择离开

6. 你对经纪人或帮助你出来务工的机构的服务满意吗？

A. 不满意	B. 满意	C. 很满意

7. 请根据你目前需要的紧迫程度，给下面四项排序（1 代表最迫切需要）。

A. 培训（　　）	B. 劳务需求信息（　　）
C. 子女教育（　　）	D. 讨薪等权益保护资料（　　）

8. 请填写你的其他意见或建议：

联系电话：　　　　　　　　　　权益保护热线：

四、农民工的再培训和再输送

农民工接受再培训，可以帮助农民工扩大就业领域、提升就业层次、提高收入水平，为农民工的长远发展奠定坚实基础。特别是在国际金融危机的背景下，对于部分就业困难的农民工，可以在此期间接受再培训，等到就业形势好转时，再出去务工。

应结合地方产业发展的具体条件，开创更多的以人为本的培训方式。如可以鼓励工业企业减少或不裁员，对富余员工开展留岗培训，甚至还招收失业农民进行在岗培训；可以安排服务业和微小企业向有意创业的农民提供参与式见习；农业科技示范基地和规模企业可以通过规模扩张、技术推广、项目加盟等方式向农民提供生产培训；中小企业主和管理者可以向有管理基础的农民提供跟岗进修等，使培训能切实服务农民的个性化需求。

对于返乡或者失去工作的农民工，要重新列为当地的劳动力转移对象，做好劳动力的再输出工作。

经典案例

服务三峡　立足西部　放眼世界

——重庆华绣外派劳务培训基地

重庆华绣外派劳务基地坐落在有“龙乡”美誉的重庆市铜梁县县城巴川镇，经渝遂高速1小时直达重庆主城及机场。基地主要以重庆华绣职业学校、重庆华绣服装中等专业学校、重庆华绣劳务有限公司、重庆华绣制衣有限公司为依托，立足重庆，面向国外输送高素质劳动者，转移了农村富余劳动力，带动了其他产业的发展，创造了良好的社会效益和经济效益。该基地具有以下三大优势：

一、招募有力

重庆华绣服装中等专业学校是重庆市教委直属的市级达标学校，是一所融教学、生产、科研为一体的中等专业学校。经过十多年的发展，形成了以服装专业为龙头，旅游、机械、电子、计算机等专业为骨干的专业体系，在册学生2 000多人，生源辐射渝、川、滇、黔等全国多个省市。被重庆市人民政府评为“重庆市社会力量办学先进单位”“重庆市外派劳务专业培训基地”。为了深度开发出国务工人力资源，于2004年成立了重庆华绣劳务有限公司，专门从事人力资源开发工作，实行片区经理负责、归口管理、宏观调控、绩效挂钩的工作机制。劳务公司在职人员30余人，劳务经纪人180余人，不但设有自己的招募网站，还在重庆江北、渝北、合川、永川等地设立办事处，在其他部分区县设立联络点，招聘网络覆盖重庆市42个区县，并辐射贵州、四川等地。县内县外、市内市外、市省之间形成了强有力的劳务招募网络，建立了丰富的劳务培训人力资源库，保证了外派培训工作持续、有序的发展。

二、培训有方

重庆华绣外派劳务培训基地先后为美国、新加坡、日本、意大利、韩国等二十余个国家和地区成功培养了劳务人员4 000余人次。培训的工种有服装工、建筑工、游轮服务员、酒店服务员、工程车司机、电子操作工、印刷工、机加工、高尔夫球场球童等。培训基地为了满足国际市场的要求，实行多形式、多层次的办学模式，与国内多家学校合作，引进先进的教育理念，高薪聘请专业水平过硬的教师任教，投资400余万元更新实作车间设备，形成了厂校结合、教产结合的教学模式。强化韩语、日语、英语教学，让学生能听懂、会交流。对建筑工、电子操作工、驾驶员等社会人员的培训，坚持从规范管理入手，狠抓输出前培训。对录取人员首先在基地进行为期10天的军训，再由专人对所外派国家风土人情和生活习惯进行介绍，最后着重进行职业道德、法律法规和安全生产等教育，要求他们遵守合同，努力工作，学好技术，为家乡争光，为国家争光。由于严格培训，赢得了中介机构、外派单位和雇方公司的赞许和信任，树立了重庆华绣外派劳务基地良好的形象。

三、输出有路

重庆华绣外派劳务基地先后与各国际劳务公司建立合作关系，成为他们的人力资源库。建筑类的合作伙伴有：中国建筑总公司、中海外、中冶建工。服务类的有：北京中远、广东新广国际公司、四川宏图海外就业服务公司。服装类的有：中国智力技术合作公司、中国体育国际公司、重庆国际公司、上海外经、上海轻纺、四川飞跃公司等。由于人力资源丰富、培训得力，为国内众多外派劳务经营公司提供了广泛的人力支撑，深受合作伙伴的好评。

从以上三大优势可以看出，“华绣”作为重庆劳务品牌已经走出了一条以“劳务为中心、培训为基础、输出国外务工为目标”的成功之路。随着世界经济一体化的步伐越来越快，资金、人员的流动也越来越频繁，国际劳务输出的需求也越来越大，国际劳务市场的潜力很大。“华绣”仅2008年就派出劳务人员近千人。因此，社会上广为传诵这样一句话：华绣开辟出国道，学子找准致富门；要出国，要致富，华绣帮你找出路。

通过外派劳务开辟了新的就业途径，解决了职教学生、农村富余劳动力的就业问题。他们在国外务工，短期内就能改变自己和家庭的命运，还可以促进综合素质的提高。经过十多年的努力，华绣劳务基地培养了大批外向型人才，这些外派人员利用在外务工积累的资金、学到的技术、学会的管理经验回乡创业，改变了家乡的面貌，促进了当地经济的发展。例如：合川的周某、刘某夫妇，1996 年第一批出国，在美国工作 3 年，总收入 40 多万元人民币。回国后在潼南开办了一所服装学校，2010 年又投资 500 万元在潼南县接龙桥购买了一家制衣公司，将企业办得红红火火。又如高某，大足国梁镇人，于 2003 年到日本研修，在日期间努力学习国外先进技术的同时还对日语产生了浓厚的兴趣，2006 年回国后自费到大学专攻日语，毕业后一直在广州日资企业从事翻译工作，由于有到日本工作经历，加上工作努力，深受用人单位好评。刘某，铜梁县巴川镇人，于 2007 年出国，出国前一直从事电器维修的工作，由于收入不尽如人意，遂来到“华绣”，通过培训，成功被意大利“歌诗达”油轮录取为服务员，目前，月工资收入高达 3 万元人民币。其妻子、妻弟在刘某的带动下也纷纷来到华绣学习，也都分别被意大利“歌诗达”油轮和澳门五星级酒店录取，有了稳定的工作和满意的收入。这样的成功案例太多，不胜累举。总之，华绣坚信：国内就业可以脱贫，国外务工能够致富。

点评：

国际劳务市场的前景广阔。但重庆的国际外派劳务由于起步较晚，本地从事国际外派劳务的专业化公司规模较小、实力较弱，市场竞争力不强，加之各级扶持激励政策不够配套和完善，各地宣传发动不到位等原因，导致全市年输出国际劳务总量小，远远落后于沿边、沿海发达地区。重庆华绣外派劳务基地，以两校两公司为依托，立足重庆，面向国外，打造了外派劳务“华绣”品牌，探索出了一条以“劳务为中心、培训为基础、输出国外务工为目标”的外派劳务之路。经过几年打拼，“华绣”赢得了“要出国，要致富，华绣帮你找出路”的良好赞誉。

第六章　提升农村劳务经纪服务

第一节　创 新 服 务

在农村劳务经济活动过程中，如何才能将服务质量提升到更高的水平，使经纪双方达到最大的满意度？对长期合作而且合作愉快的老顾客，劳务经纪人是否应该有价格的折扣，或者免费提供一次劳务中介服务，或者在自己的广告牌上打上客户名称，帮助客户宣传。诸如此类，归结为一点，就是要求农村劳务经济服务要创新。用新的方法、新的思维来进行劳务经纪活动。

在农村劳务经纪活动中，只有不断地学习，随时掌握新知识，吸收新信息，才能生存和发展。而掌握成功的好方法要比偶尔的成功更重要。作为农村劳务经纪人，应高度重视培养自己的学习能力，充分发挥个人能动性，培养创新思维，创新服务方式，提升劳务经纪方式和层次。

一、产品组合实现“全服务”

劳务经纪人应该尽可能全面地分析委托方的背景以及需求，提供委托方所需要的“全服务”产品组合。对于劳务人员，经过一定的培训之后，务工能力可能大大增加，工资收入也大幅度提高，那么劳务经纪人可以联合培训中心，为务工人员解决子女上学难问题。劳务经纪人可以组织师资，开办民工学校，就地解决务工人员子女教育，免除家长的后顾之忧。劳务人员春节返乡难，劳务经纪人还可以组织车辆，协助其返乡，节后协助其返回工作岗位。结合供求双方的需求，延伸价值链，实现产品组合“全服务”。

二、一对一服务，实现客户关怀

每个人都希望自己受到重视，都希望自己在服务过程中享受特有服务。现代客户关系管理理念指出，对客户进行细分，针对每个客户的兴趣爱好、职业背景和家庭背景，提供个性化的解决方案。

劳务经济活动中，劳务经纪人依靠自己的经验以及细心的观察，迅速判断委托人的业务需求、爱好兴趣、家庭教育等细节，并利用数据库做好记录，一两次之后就可以根据这样一个需求特点，为其量身定做一个劳务供求解决方案。劳务经纪人应开辟单独的会客室，打消客户的顾虑，方便与客户交流。对于某些“大客户”，劳务经纪人还可以采取 VIP 方式，开设专有房间或通道，甚至亲自上门。在客户生日、开业、子女上学等重要时刻给客户打电话、寄贺卡、发短信等表示关心，并积极帮助委托人解决工作生活中的实际问题。

如此，委托人将直接感受到劳务经纪人的关心，认为劳务经纪人提供了贴心的服务，对该劳务经纪人的评价必将高于其他劳务经纪人。

三、优质品牌给予客户额外体验

客户享受的不仅仅是某项产品或者服务本身，还有依附于其上的文化、品牌、个性等因素。在劳务经纪活动中，劳务供求的双方享受的并不仅仅是劳务中介的“牵线搭桥”“穿针引线”，还有劳务经纪人的微笑、关心和帮助，以及劳务经纪人的品牌、市场地位、行业形象。试想，如果劳务供求双方所依靠的中介是一个执照不全、不讲信誉的“黑中介”，供求双方在行业中的形象肯定会受到负面波及。树立良好品牌形象的劳务经纪人，将大大降低和委托方以及劳务供求双方的信任成本，并增加劳务供求双方的荣誉感。所以，劳务经纪人以及劳务中介组织应该创名牌，以优质品牌来为自己和客户添光彩。

第二节　一站式服务

一、一站式服务的内容

一站式服务本质上就是系统服务。与传统分层脱节的服务不同，在一站式服务中，农村劳务经纪人不再是仅仅提供简单的组织劳务了，更多的是对整个劳务经济过程的把握，对整个过程的服务。简单地说，所谓的“一站式服务”就是只要客户有需求，所有的问题都可以解决。解决客户的整体需求，通过系统服务获得所有的服务收益。

为了适应当前劳务市场要求，促进我国劳务市场建设的健康、有序、深入发展，我们提出构建一站式服务框架，将现有的各级各部门信息化系统联系起来，以统一的面貌为广大农民工提供服务，实现集中式监控协调、分布式管理实施的模型，并通过一站式服务框架及政务服务模式的实验与推广，全面提高经纪人的业务关联与办事效率，面向公众服务，面向决策支持，以数据获取和整合为核心，实现劳务经纪人职能向“管理+服务”方向的转变。

二、一站式服务建设中存在的问题

一站式服务，即农村劳务市场业务流程的协同工作，能够加强各方之间的联系、信息的沟通和融合，减少人为操作环节，使经纪人能够最大限度地实现方便大众、服务百姓的目的。经纪人的协同工作既是日常业务的需求，也是国家行政法规所要求的，然而在一站式服务建设的实施过程中，必须克服以下瓶颈。

1. 信息共享与整合。由于信息不对称、利益、沟通等原因，劳务经纪人在一站式服务建设实施过程中，经常面临着劳务信息的搜集以及信息共享与整合的问题。

2. 标准与规范。在一站式服务框架建设中还存在着框架建设的标准与规范的问题。

通过农村劳务市场一站式服务框架的建设，构筑起农村劳务经纪人整体建设的框架体系结构，实现农民、劳务市场和经纪人之间服务系统的有机集合，使这些应用服务系统达到无缝衔接和高度应用整合。一站式服务体系的建立避免了人为介入的种种弊端，增强了经纪人服务质量，为劳务信息化朝着可靠、安全、有序的良性循环发展提供了保障。

三、需要加强政府公共管理与服务

政府的社会职能和公共职能决定了政府必须向社会提供市场不能提供的公共产品，建设公共服务型政府，对社会进行公共管理与服务。

我国从1978年改革开放开始，进入具有历史意义的社会转型期。市场经济体制取代计划经济体制并日趋完善，政府职能也开始转变。但由于行政理念的转变、宏观经济体制转型以及政府自身能力的提高需要一个渐进的过程，因此我国政府在政府与市场关系问题上存在典型的政府职能“越位”“错位”“缺位”现象，亟待克服。

向社会提供公共管理和服务是政府的一项重要职能，也是一项重要责任。强化公众服务导向，就是公共服务提供从政府本位、官本位向社会本位、民本位转变的一个根本思路选择，也是政府与社会之间正确关系的体现。政府不再是凌驾于社会之上的封闭官僚机构，而是以公众服务为导向，积极回应公众需求的开放式、互动式的政府。在管理活动中，政府不仅要循着命令链对上级负责，还应当更多地向公共服务对象负责。关心公众，特别是保证弱势群体的基本生活，努力提高公共物品和公共服务的质量。政府需要积极了解公众需求和测评公众满意度，并建立有关了解民意、公众参与决策的渠道、规则和程序，以提供公众满意的公共物品。创造对公民有利的政治、经济和文化环境，加强与公众之间的交流与沟通。

政府提供公共产品，即公共产品由政府无偿地向消费者提供，以满足社会的公共消费的需要。对于消费者来说，可以无条件地获得这些公共产品的消费权，而不需要付出任何代价或者报酬。

四、需要政府公共政策支持

政府作为最大的制度供给者，政府公共政策的支持对劳务经纪人的发展有十分重大的意义。政府机构及社会团体间的协调不力往往阻碍劳动力的流动。在农村富余劳动力转移过程中，发挥作用的部门包括劳动保障部门、公共服务就业机构和民办职业介绍服务机构，以及相关的民间社会团体。这些机构和部门之间的沟通协作能力弱，部门与部门之间出现断档现象，工作效率不高，且这些机构大部分属于政府主办的宏观调控机构，采取由上而下的运作模式，所以它们针对广大农村劳动力所提供的各种信息和决策与农民的实际需要之间会出现不相协调的情况。

五、需要政府公共财政资金支持

政府应对农村劳务经纪活动给予财税金融支持。税务部门对符合条件的劳务经纪人可按照有关规定实行税收减免或适用低档税率。各金融机构要大力开展劳务经纪人信用等级评定工作，对具备条件的授予信用额度，在信用额度内办理贷款，并在贴息、低息贷款项目上实行倾斜。筹集一定政策性资金，用以鼓励和引导劳务经纪人联合建立信用联保机构，以行业协会为载体设立担保基金，解决经营发展中资金难的问题。

六、需要政府组织和监管对农民经纪人和农民工的培训

对符合条件的劳务经纪人，鼓励申报“再就业工程”“农村富余劳动力培训项目”“阳光工程”“移民培训就业”等项目，支持和引导他们参与移民、富余劳动力转移培训安置。对纳入项目计划并实际开展培训的劳务经纪人，经当地劳务办、移民局、劳动局、财政局、就业局等有关单位核实，及时拨付财政补助培训资金。

经典案例

开展劳务派遣业务　探索新型用工方式

重庆众鼎劳务有限公司是经重庆市工商行政管理局注册，重庆市江北区劳动就业服务管理局批准，专门从事境内劳务派遣，具有独立法人资格的劳动服务企业。

公司秉承“热情周到、客户至上”的宗旨，为合作单位提供优质高效的服务。目前，公司有专业员工五十多名，和海尔集团、宗申集团、重庆永辉超市、大中型企业建立了合作伙伴关系。此外，还在广东、贵州设有分公司，在青岛、成都、江津等设有办事处。

公司开展劳务派遣的几点做法是：

诚信为本。诚信乃公司生存之道。开展劳务派遣业务，如果诚信缺失，将不具有可持续性，更谈不上发展。

强强合作。劳务派遣是一种新型的用工方式。员工的工资、社保、福利等费用，一般是用人单位委托劳务派遣公司代发代缴。因此要求劳务派遣公司和用人单位都必须具有较强的实力、规范的管理，否则会产生资金风险，使各方权益都得不到保障。

专业高效。开展劳务派遣业务，必须要有一批多年从事劳务派遣工作，熟悉劳务业务，对工作精益求精的专业劳务人才，才能保证业务的高效开展。

网络强大。劳务派遣单位一般要为用人单位招聘员工，因此，派遣单位必须要有广泛的招募网络，才能及时、保质、保量地为企业提供所需的员工，保障其生产、经营、销售等的正常进行。

服务到位。劳务派遣涉及劳动合同、社会保险、劳动争议、工伤处理等劳动事务的方方面面。派遣单位要能及时协调、解决相关事宜，为用人单位排忧解难，服好务、办好事。如公司首创的“工伤救治绿色通道”等工作方法，就在海尔全集团推广。

点评：

劳务派遣是农村劳务经纪的新方式，是指用人单位将人力资源外包给劳务派遣机构的一种形式。劳务派遣必须是按照《劳动法》《劳动合同法》及其相关实施细则的规定施行，具有法规性、政策性，规范性强，劳务经纪过程较为复杂，对业务经营管理水平要求高等特点。为此在具体实施操作中，要求做到以下几点：一是要执行规范的业务操作流程。二是签订好合同，即用人单位与派遣机构签订《劳务派遣合同》，派遣人员与派遣机构签订《劳动合同》，用人单位与劳务人员签订《劳务派遣协议》。三是加强对聘用人员的培训和用工管理。四是开展好为劳务人员服务的相关工作。众鼎劳务有限公司在开展劳务派遣业务过程中所积累的经验，值得借鉴和学习。

第七章　农村劳务经纪人的收益

第一节　农村劳务经纪人的收入来源

一、佣金

佣金是经纪人智力劳动的价格。经纪人为委托方提供约定服务后，委托方或双方当事人，依照法律规定或双方约定，为经纪人履行经纪职责的劳动耗费支付报酬。佣金是经纪人在一定的社会劳动时间内所创造的劳动价值和社会价值的体现，是经纪人的劳动报酬、风险报酬和经营报酬的综合收入。《经纪人管理办法》规定：经纪人完成了中介任务，有权得到一定的合理的佣金。佣金是劳务经纪人的主要收入来源。

佣金分为法定佣金和自由佣金两种。法定佣金是指经纪人从事特定经纪业务时，按照国家（或地区）对特定经纪业务规定的佣金标准所获得的佣金。这种佣金具有强制效力，当事人双方都必须接受，也不得高于或低于国家（或地区）规定的标准。自由佣金是指在国家法律、法规及规范性文件没有明确规定佣金费率标准的市场上，按经纪人与委托人协商确定的佣金标准获得的佣金，具体事项写入委托合同之中。这种佣金比率一旦确定，对双方都有约束力，违者要承担违约责任。

对于劳务中介佣金，我国目前尚无国家统一规定的法定佣金。劳务经纪人所获得的佣金，主要是双方共同协商产生的自由佣金，或者是按行业默认比率约定的佣金。

二、信息费

信息费，指购买信息所支付的价款。一般情况下，只要提供了有用信息，信息的受用者就应向提供者支付一定的报酬。劳务经纪人向劳务人员提供了与其需求相称的用人单位，但由于劳务人员能力达不到或当天发挥不好等自身因素造成未能达成用工协议，此时，劳务经纪人理应收取一定的信息费。当然，劳务经纪人无法获取中介佣金。

某些时候，信息费和佣金是密不可分的。经纪人向劳务人员提供信息，也可能为其后的经纪活动服务并进而完成了撮合，那么，此时劳务经纪人所收取的费用就应是信息费和佣金的总和。

目前在我国，劳务市场不是十分规范。除猎头公司外，大多数劳务经纪人（或经纪机构）利润的主要来源就是信息费，而非佣金。劳务市场中介人收取50~3 000元不等的信息费，然后给劳务人员介绍3~4次工作机会，而对于能否撮合交易反倒其次，因此，许多劳务纠纷由此产生。

三、差价

在劳务供求严重失衡的时候，部分劳务经纪人可以囤积用人单位信息或劳务人员信息，并且自己组织劳务人员，从中赚取少量工资的差额。

比如，某纺织企业需要女性技工100名，包吃住每天50元。劳务经纪人获悉这一消息后，一边与该企业联系，承诺组织劳务，但工资须由经纪人转交；另一边招工，包吃住工资45元，从而每月赚取500元的差额。个别时候，劳务经纪人与用人单位协商定一个价格，然后由该劳务市场经纪人承包招工，盈亏自负。如果招工工人的工资低于协商价格，劳务经纪人可以获得差价并获得声誉；如果劳工短缺，工人工资高于协商价格，劳务经纪人要么自贴，要么名誉扫地。所以说差价是经纪人风险投人和劳务经营的合法所得。

四、回扣

回扣是劳务市场需求双方或某一方从应收金额中按协议或规定提出的，以某种方式支付给相关人士的现金或实物。回扣可以是买卖双方或卖方对价格的一种让利，也可以是卖方或买方在提高商品价格后所返给当事人的一部分价值。

有些时候，劳务人员或用人单位将合同金额或劳务人员的工资按一定的比例给予经纪人，并将具体规定写入委托合同，这称为明扣，属于合法范畴。有些时候，劳务人员或用人单位与经纪人合谋抬高或压低价格，给予劳务经纪人一定回扣，这种称为暗扣，属于非法范畴。有时，劳务人员或用人单位对经纪人的服务十分满意，给予经纪人一定的感谢费，也称为回扣，但这种收入的合法性界定尚不明确。

除以上四种主要收入来源外，劳务技能培训也是部分经纪人收入的一个来源。信息费、用人单位预支的委托招聘费用所产生的利息或投资收入也都是经纪人的收入来源。

第二节　农村劳务经纪人的成本费用

一、经纪成本

经纪成本是经纪人在经纪活动中，为完成委托方的约定服务，以货币形式表现的、已耗费的价值和经纪人为委托方而劳动所创造的价值总和，也是经纪人在经纪过程耗费资金的总和。经纪人必须注重成本管理，力求减少经纪费用，降低经纪成本，提高经济效益，增加经济利润。

经纪成本包括两种，一是房屋租赁成本、计算机等固定资产所产生的折旧成本；二是经纪活动的直接费用，比如差旅费、车船费、资料费、电话费、打印费等。

二、经纪人薪酬

经纪人从事经纪业务，须取得社会平均劳动收入。而且经纪人的知识、技能要求较高，其为经纪业务而进行的长期知识投资也应有“补偿”，因为知识、技能的高低基本决定经纪业务的成败。这两部分构成了经纪人的工资收入以及各项福利待遇。

三、税收

经纪人需要缴纳的主要税种有营业税、所得税、个人所得税。

（一）营业税

营业税是指对在我国境内提供应税劳务，转让无形资产或者销售不动产的单位和个人，就其营业收入征收的一种税。劳务经纪人从事的劳务中介业务属于服务业的范畴，按照国家法律，需按5%营业税率缴纳营业税。

营业税应税额=营业额×5%

目前，很多地区为了支持劳务中介市场的发展，对于营业税的征收有许多优惠政策，甚至免收。

（二）所得税

所得税是以企业（经纪机构）的生产经营和其他所得征收的一种税。凡是实行独立经济核算的企业和单位，都是企业所得税的纳税人。所得税按照企业收入总额扣除准予扣除的项目金额之后的应纳税所得额的25%缴纳（有其他规定的除外）。

纳税人的收入总额包括生产经营收入、财产转移收入、利息收入、租赁收入、特许权使用费收入、股息收入、其他收入等。扣除项目包括职工工资、福利、捐赠、金融机构借款利息等。

所得税应税额=应纳税所得额×25%

（三）个人所得税

个人所得税是对经纪人工资、薪金、加班费等收入之和减去 2 000 元的起征额之后的收入，根据《中华人民共和国个人所得税法》规定而缴纳的税种。个人所得税是国家调节个人收入的主要手段。个人所得税实行超额累进税率。

第三节　获取经济收入的保障措施

劳务经纪人所提供产品主要为信息，许多信息告知相关人后，其价值就荡然无存。也就是说，某劳务供求信息告诉相关需求方后，该当事人完全可以置经纪人于不顾，自行与另一方签订合同。所以，经纪人要保证、保护自己的劳动收入，必须从多方面入手。

一、调查对方信誉

劳务经纪人签订委托协议之前，就应该对委托方的人品、单位性质、诚信等进行调查。如果诚实守信、品行端正、信誉良好，那么可以继续打交道。否则，最好不要白费力气，甚至带来经济损失。特别是进行大宗交易时，交易双方往往是由几个合伙人形成利益共同体，劳务经纪人一定要对合伙人的资信调查清楚，不能草率行事。

二、签订经纪合同

经纪人与委托人签订经纪合同，明确规定双方的权利和义务，规定佣金的标准和具体的结算办法，对容易引起争议的条款尽量做明确的约定。签订经纪合同之后，如一方不履行或不能全部履行合同义务时，就构成违约行为，要承担相应的民事责任。在经纪合同中，需要明确约定经纪活动成本费用的支付方式。

个别时候，劳务经纪人还可以与委托人签订专有的经纪合同，对某项权利给予经纪人独占的权利，只要委托人发生该项委托业务，经纪人就可以要求按合同支付佣金。劳务经纪人还可以预先收取部分经纪成本费或保证金。

劳务经纪人与委托人订立合同后，可以到工商行政管理机构监证，也可以到公证处公证。

三、预收佣金

在经纪业务难度大、经济成本高、佣金数额大时，劳务经纪人可以与委托人协商，要求委托人提前支付部分佣金，作为经纪费用。这样做，一方面可以使经纪人有了活动经费，另一方面也可以防止委托方甩掉经纪人。

经纪人预收佣金后，应积极联系第三方，尽快促成交易。待交易双方签订合同后，再补收剩余的佣金。如果没有完成委托任务，经纪人应该退还委托人部分佣金。

四、防止供求双方过早见面

经纪人的操作过程可分为两个阶段，供求双方见面之前，经纪人起主导作用，握有主动权；供求双方见面之后，主动权就转移到需求双方的某一方。因此，劳务经纪人在开始中介业务时先不要向交易双方透露对方的情况，尽量不使双方见面，而由经纪人作为供求双重身份分别与双方谈判，直至达成协议。

五、运用法律维护权益

当经纪人权益受到严重侵害，多次协商未果的情况下，要勇敢地拿起法律武器，捍卫自己的利益。同时提醒社会，不要和那些不讲信用、不遵守合同的企业和个人来往。

经典案例

发挥桥梁和纽带作用
加快农村劳动力转移

重庆市农村劳动力转移协会成立于2004年，是专门从事农村劳动力转移的行业性社会团体，具有独立的法人资格，接受重庆市农业委员会、重庆市农村劳务开发领导小组办公室的业务指导和重庆市民政局的监督管理。协会下设5个专业委员会（教育培训、技能鉴定、公共职介、劳务经纪人、创业者）、3个中心（培训中心、转移就业中心、创业指导中心），现有会员250名，会员主要是由从事职业技术培训、职业技能鉴定、职业中介等为农村劳动力转移服务的机构和个人组成。一直以来，协会坚持以科学发展观为指导，以推进实施阳光工程及农民教育培训工程为载体，以建设社会主义新农村为目标，以促进农民增收为中心，以打造培训品牌为重点，以创新服务为动力，充分发挥桥梁和纽带作用，做好农村劳动力转移的宣传、培训、教育和中介等一条龙服务工作，促进全市农村劳动力的转移，加快劳务经济发展，为“富民兴渝奔小康”作出了应有的努力。协会重点开展了以下工作：

加快基地化建设。一是建立了以阳光工程示范性项目培训为主的培训及实习基地256个，其中市级核心基地1个，市级优质基地10个，区县优质培训基地40个。2004年至今累计培训农民210万人，其中培训结业阳光工程学员120万人，转移就业率达90%以上。二是建立了市级劳务输出基地10个，区县级劳务输出基地100个。2008年全市转移农村劳动力780万人，劳务收入达413亿元以上，其中市外转移460万人。新疆特色劳务基地1个，2006年至今累计输出拾花农民工30万人，拾花总收入达10亿元以上。国际外派劳务基地1个，年输出3 000人以上。三是建立了市级创业培训、实习基地10个，区县级创业基地40个。

实施品牌化战略。全市在实施阳光工程培训项目中集中全力打造了“重庆师傅”这一知名品牌，同时打造了像江津富侨保健、石龙技工、黔江装卸工、新疆摘棉等全国有影响的劳务品牌，力争培育国家级和市级劳务输出品牌各10个，外派劳务知名品牌2个，区域性劳务输出品牌40个。

培育市场化主体。大力培育劳务中介组织和劳务经纪人，作为加快劳务经济发展的抓手。全市已经培育劳务经纪人总量达到1万人以上，每个村至少有1名劳务经纪人。

完善专业化服务。2009年全市建立完善20个驻外劳务办事机构，加强农民工管理与服务工作。农村劳动力转移协会驻新疆办事处的管理服务工作得到了市级有关领导及部门的充分肯定和好评。

开展主题化活动。协会组织会员单位围绕促进劳务经济发展开展了政策法规宣传、专题调研、理论研讨、经验交流、劳务考察学习等丰富多彩的活动，同时协助有关单位开展“十佳劳务品牌”“农村劳务经纪人50强”评选活动。

点评：

重庆市农村劳动力转移协会，在业务主管部门的指导下，积极组织会员单位围绕促进全市农村劳动力转移，加快劳务经济发展的主题，实施了百万农村劳动力大培训、大转移、大服务系统工程，取得了良好的经济效益和社会效益，受到了各级各部门和社会各界的好评。

第八章　农村劳务经纪人的新商机——农民工返乡创业

第一节　农民工返乡创业是劳务经济的高级阶段

一、打工者变为创业者

农民外出打工是实现农民本身收入增加、努力致富的阶段。回归创业，由打工者变为创业者是发展劳务经济的高级阶段。外出务工缓解了农村劳动力过剩的问题，但劳务输出的意义不止于此，而是使农民走向市场，在打工的过程中学知识、长见识、更新思想观念。农民在外务工，积累了知识经验、技术技能和劳动资金，他们走南闯北，艰苦奋斗，凭借自身的努力，回到家乡自主创业，是因为在家乡创业成本低、收益高，投资环境和经营环境较好。如果说，外出务工是花，那么回归创业就是果，是劳务输出的进一步深化和延伸，是劳务输出的最终归宿。

二、为农民工返乡创业提供咨询和信息经纪服务

农民工返乡创业渴求创业信息，但由于经济技术的限制，不能及时得到适用的信息。这就只能求助于信息广、消息灵、熟悉市场行情、创业知识以及相关政策法规的农村劳务经纪人。其咨询服务有以下几个方面的内容：

(一) 市场信息咨询

市场信息咨询主要是市场行情、产品供求、新产品开发以及劳务市场等信息。创业者可以根据这些信息选择创业方向、生产规模、投资方法以及合作伙伴等。

(二) 专家咨询

由于现代市场经济专业化强，返乡创业的农民工一般难以以专业的标准生产经营，而经纪人丰富的社会经验和产品知识，能为创业者提供较好的建议，甚至为创业者提供更加专业的专家咨询服务。

（三）政策法规咨询

经纪人可以为返乡创业的农民工或委托人提供相关的法律法规方面的咨询，提高他们在开办企业、生产经营、买卖交易等多方面的法律意识，避免委托人在创业中触犯法律。

三、为农民工返乡创业代理各类实际工作

农村劳务经纪人从事代理业务，在委托人授权的范围内进行代理服务。即代理人在代理权范围内，以被代理人的名义实施法律行为。例如接受用人单位和求职者的委托存放档案，办理劳动合同签订及有关职业培训和社会保障等相关事务。

第二节　农民工返乡创业过程中的经纪项目

一、嫁接农民工创业过程中短缺的创业资源

在外务工的部分农民工积累了一定的资金，掌握了一定的技术，就有了回乡创业的意愿。返乡农民工受自身素质偏低的局限，导致他们在选择投资项目、确定发展目标、寻找市场定位等方面的知识和技能不足，往往容易进入不适宜的行业和领域，最终导致创业失败。有的即使勉强度过了创业初期，也会由于缺乏必要的管理知识，难以做强做

大，继续发展，最终还是被残酷的竞争淘汰出局。农民工返乡创业资源极度短缺，主要依靠打工积累或向家人朋友借款等方式筹措资金，数量和来源非常有限。加上常年在外务工对家乡的政策和环境也不够熟悉。虽然农民工在外期间获取一技之长，但创办企业需要全面的综合性的管理知识和经验，大多数创业者仍缺乏管理知识。创业是一个艰难而复杂的事业，需要各方面的资源。农村劳务经纪人可以为返乡创业者提供如咨询、代理、信息服务等各方面的专业服务，帮助创业者解决创业资源短缺问题，提高了农民工返乡创业企业的成活率。

二、嫁接农民工创业过程中缺失的政府扶持政策

农村劳务经纪人的经纪活动对农村的发展有着深远的社会影响。它使农村劳动力供给与市场需求产生了对接，农业结构得到调整，农业收入大幅度提高，促进农民就业。发展农村劳务经纪人是促进和推动劳务市场有序发展的重要手段。实践证明，农村劳务经纪人已经成为劳动力供求双方的重要牵头人和引领农民向二三产业转移的带头人，农村劳务经纪人是政府、企业和市场之间的桥梁，在促进和推动劳务市场健康有序发展中扮演着重要的

角色。

三、降低农民工创业过程中的高成本投资

通常农民由于精力、财力和个人能力以及生产规模有限，面对千变万化的市场和激烈的竞争，在创业过程中很难把握市场的走势、捕捉有利的行情，经常遭遇买卖难且高进低出的情况。因此这就需要农村经纪人帮助他们正确判断市场走势，帮助创业农民工生产适销对路的产品，规避市场风险，保证他们的产品有较好的销售业绩并有满意的收入。另外，通过向农业生产提供较低价格的生产资料产品，以降低生产成本，增加效益，就能达到农民工创业过程中低成本、高收入的目的。

四、为返乡创业的农民工嫁接需要的人才、资金、技术等各种资源

新型农村经纪人广泛开展经纪活动，引导返乡创业的农民工以市场需求为导向，以提高整体生产效益、增加生产收入为目的，为他们提供需要的人才、资金、物资、技术、信息五种资源，为农民工返乡创业创造良好的基本条件。

经典案例

千里之行　始于足下

——“重庆富侨”劳务品牌纪实

“重庆富侨”劳务经济品牌的发展是我国改革开放后，农村劳动力转移，城乡统筹发展，重庆实施“一圈两翼”发展战略，打造“劳务第一经济”大背景下的一个农民培训、返乡创业成功的典型案例。

在中国足疗保健行业，坐上头把交椅的当属“重庆富侨”。单闻“富侨”两个字，好多人还以为是哪个华侨客商投资兴办的企业。其实不然，“富侨”——这个农村劳务品牌，是由重庆市江津区油溪镇金刚沱的一个农民家庭创办的。在“阳光工程”的支持下，江津区委、区政府着力打造“足道之乡”，力推“重庆师傅”的“富侨保健”劳务品牌，不到10年，他们靠给人洗脚起家，将一个只有4张床的小店，发展为拥有400多家分店、4万多名员工、创造年产值13亿元的连锁企业，成为中国足浴行业第一品牌企业，“富侨保健”成为重庆人家喻户晓的劳务品牌，被业内人士誉为中国足浴行业的“草根英雄”。

学技：从不起眼的洗脚工做起

在“富侨”创始人、郭氏家族领军人物——郭家富的记忆里，“吃一顿饱饭”是孩提时代最大的幸福。因此，在他的眼里没有下贱与不下贱之分。

20 世纪 80 年代末 90 年代初，广州开始流行足浴按摩，大街小巷满是“包吃、包住”还发工资的招工启事。郭家富兄弟南下广州打工，就干起了这个热门的活儿。因为热门，他们兄弟用汗水赚了不少洗脚快钱。

“有了技术，可以走遍天下。有了技术和本钱，在足浴按摩落地生金的时代，我们不想创业都不行！与其这样居无定所、食无保障，还不如开一家洗脚店，自己当老板。”郭家富在做洗脚工的过程中得到了启示。于是，一个大胆的决定产生了：在当地开不起洗脚店，就回家乡重庆开。1998 年 6 月 16 日，一家名叫“富侨”的洗脚店在重庆城郊的毛线沟开张了。这是一个面积不足 60 平方米、只有 4 张床位、融资 3 万多元的洗脚店。

创业：现实需求为突破口

健康是第一资本，保健是新兴市场。只要正大光明洗脚，能洗出健康，这个产业就不会做死，而是充满阳光！怀着这一理念，富侨人坚定地走出了第二步、第三步。1999 年，富侨的第一家分店——重庆富侨沙坪坝店开业。同年，富侨泸州店开业，半年后，泸州店又融资100万元，将店铺扩大到1 500平方米。泸州店的成功，成为富侨连锁经营业态的一个样本。有了样本，富侨很快复制出了内江、北碚、江北、成都、昆明、遵义等10多家分店。2000年，富侨总店从毛线沟迁至高新区五环大厦，“富侨保健服务公司”的牌子响亮地打了出来，从而走上开办连锁店，扩张经营之路。连锁经营，让富侨迅速长大。现在富侨已经拥有直营、加盟连锁店400多家，从业人员4万多人，年产值13多亿元，成为全国足疗保健行业当之无愧的“龙头老大”。

树品牌：创造富侨洗脚手法

在重庆创业几年后，内地洗脚店铺也如雨后春笋般地冒出来，竞争日益激烈。这时“富侨”开始静下心来寻找品牌的出路——“文化推进破世俗，阳光培训精技艺，连锁经营信息化，正大光明见彩虹”！

富侨人从传统医学宝库中找寻了理论依据：在最古老的中医经典著作《黄帝内经》中著述有脚部的许多敏感反应点与人体内脏器官的关系，指出刺激这些反应点可起到治病的作用。文化推进让消费者接受了洗脚，更接纳了富侨——富侨的文化、技艺和市场。

富侨人深知，打造自身独特的洗脚技艺，才是洗脚之道，立足之本，只有不断探索创新，才能立于不败之地。为了提高企业发展的核心竞争力，近年来，富侨先后聘请了一大批全国医疗保健专家教授作企业的技术顾问，锤炼足浴保健技艺手法。在专家的理论指导下，传统中医与现代医学相结合，目前已经形成了比较成熟的202招泰式按摩手法、72招洗脚手法等独家技术，提炼出含按、揉、搓、拍、擂、掐等动作在内的10多套富侨绝活。

富侨文化和技艺需要传承和应用，需要各类人才尽快转变为生产力，成为企业发展的不竭源泉。为此，“富侨”从大学生中招聘管理型人才，通过“阳光工程”培训应用型人才，注重在服务一线中培养人才。开办富侨职业学校成为企业依托人才树品牌和求发展的重要支撑。有关专家对富侨技术进行试验后发现：对足部按摩15分钟后，血液流速由12厘米/秒增加到25厘米/秒左右，脚尖、脚掌温度增加6℃左右。血液循环加快，新陈代谢提高，对身体有显著的保健作用。“金碑银碑，不如消费者的口碑”。“富侨品牌”之碑，就这样在一代代富侨人的心血和汗水呵护下，高高地矗立在重庆人的心中。

新模式：“连锁业态”经营

伴随着富侨洗脚文化和技艺名声的逐步扩大，富侨的生意也持续红火。流行的特许经营模式，给了郭家富极大的启发。与其一杆钓鱼，不如结网共捕。加盟连锁经营是扩张的一种好方式。

从1999年第一家分店重庆富侨沙坪坝店开业到四

川泸州店的成功，催生连锁经营呈星火燎原之势：短短几年时间，富侨拥有直营、加盟连锁店 300 多家，还开到了马来西亚和非洲。这么多年来，经营连锁业态的郭家富已经成为了行家里手，颇有一套理论知识。据介绍，富侨共有六种营利模式。第一种是直营店的经营收益；第二种是特许经营的管理费；第三种是收取权益金、管理费、人员招聘培训费等服务费；第四种是用品牌、核心技术团队与房产方合股，装修后经营，得到收益；第五种是用股权合资形成的增值房产抵押贷款，获得新的房产，装修经营，滚动发展；第六种是先自己购买房屋，然后再租赁给加盟商投资装修和经营，既收到加盟费、服务费，又收到房屋租金。加上该房产抵押后，又可抵押贷款购房产滚动发展，一举四得。

求升级：信息化管理

2008 年 10 月，家富富侨携手国内软件巨头金蝶，借助金蝶 K/3 管理软件增强集团管控力度。原来，随着业务和地域的不断扩张，家富富侨直营店、加盟店数量急剧增长，一些管理难点逐渐凸显：由于 300 多家门店分布在全国 30 余座城市，各门店向公司总部汇报数据信息耗时长、准确度不高，给总部核算造成不便。而要实现富侨上市的目标，对企业财务数据、政策执行、信息资源共享提出了更高要求。这样一来，富侨升级信息化管理迫在眉睫。

金蝶为富侨提供了集团管理系统，建立了集中统一、规范的数据资料库，公司总部可通过系统实时察看各门店的管理数据，实现数据跨业务、跨地区集中管理，做到全集团一套账。各门店收银系统数据可以无障碍接入 K/3ERP 系统，公司总部通过对经营数据的分析，能对各门店运营管理进行远程监控和指导，增强门店管理能力，帮助管理层决策经营，从而提升企业核心竞争力。

传技：助推农民工就业

“除了带给市民健康，足浴按摩产业更是破解‘三农’难题的一种有效方式”。截至目前，重庆富侨已解决 4 万多农村人口的就业，江津籍员工就近 1 万人，间接解决了 10 万农村富余劳动力就业。

企业要发展，人才是基础。2002 年 4 月，重庆市农业广播电视学校江津分校同重庆富侨签订了员工培训协议，富侨返乡在江津建立人才培训基地，该基地面积达 4 千平方米，每年为富侨提供近 5 000 人的成熟劳动力。此举开创了农村劳动力培训转移“订单培训”和“校企联办”模式的先河，受到各级政府重视。

2006 年，江津籍在重庆富侨务工的农民工张丽，在“全国农村劳动力转移培训阳光工程实施两周年座谈会”上，受到回良玉副总理的亲切接见。在重庆市 2007 年农村劳务经济工作会上，重庆“家富富侨”老总郭家富被重庆市委、市人民政府表彰为优秀返乡创业者。2008 年 12 月 12 日，郭家富及“阳光工程”培训的返乡农民工学员代表，在家乡江津受到国务院总理温家宝的亲切接见。2009 年 1 月，由江津区委、区政府主办，家富富侨承办的中央电视台“艺苑风景线”走进帅乡大型演唱会举办，门票上“找不到工作，找郭家富”的标志性宣传口号，让许多在金融危机下返乡农民工，看到了“草根英雄”酝酿的希望。

点评：

出自农村的“富侨”并没有先知，也没有独厚于常人的条件，他们从小小的洗脚做起，并创造出足道文化、技艺和创业神话，给我们带来了很多启迪：

第一，创业关键在环境。政府支持“第一经济”催生“足道之乡”。江津劳务收入在农民人均纯收入中占 50%以上，劳务经济当之无愧为“第一经济”。江津区委、区政府利用这只“有形的手”，扶持“富侨”为行业“带头人”，还引进了“东方”“大港”等足浴企业。同时，政府还利用文化这只“无形的手”，把“洗脚”定位在“足道之乡”的文化品牌高度来打造，为企业营造了发展环境，拓展了做强的空间。

第二，兴业本质在技术。技术是企业生存和发展的基础。富侨人能从不起眼的洗脚工做起，在行动和思想上不断升级，实现了以技术立业、以创新兴业的企业发展奇迹。

第三，立业重点在市场。需求就是市场。富侨紧紧抓住现代人“健康是第一资本”的现实需求，实现了从引领市场、占领市场到经营市场。富侨人敢为人先，从小到大，不断发展成为立足重庆、面向全国的知名品牌企业。

第四，守业基础在人才。创业难，守业更难。以培训提升员工素质，同时帮助农民工创业就业。依托“阳光工程”，注重培养各层次的技能型、管理型人才，成为支撑企业可持续发展的坚实基础。

第五，旺业前提在理念。“没有做不到，只怕想不到”。国内好多民营企业昙花一现，根本原因就是没有选择好营利模式，富侨用连锁方式做大产业，走出重庆，面向全国，实现了企业效益和社会效益良性互动的“双赢”效果。郭家富说，“我实际上是在向麦当劳学赚钱。”